园丁拾零

YUANDING SHILING

邹克斯 著

哈尔滨出版社
HARBIN PUBLISHING HOUSE

图书在版编目（CIP）数据

园丁拾零 / 邹克斯著 . — 哈尔滨 ：哈尔滨出版社，
2022.1

ISBN 978-7-5484-6401-3

Ⅰ. ①园… Ⅱ. ①邹… Ⅲ. ①社会科学－文集 Ⅳ.
① C53

中国版本图书馆 CIP 数据核字（2021）第 264541 号

书　　名：园 丁 拾 零
　　　　　YUANDING SHILING

作　　者：邹克斯　著
责任编辑：韩金华
责任审校：李　战
封面设计：树上微出版

出版发行：哈尔滨出版社（Harbin Publishing House）
社　　址：哈尔滨市香坊区泰山路 82-9 号　　邮编：150090
经　　销：全国新华书店
印　　刷：湖北金港彩印有限公司
网　　址：www.hrbcbs.com
E-mail：hrbcbs@yeah.net
编辑版权热线：（0451）87900271　87900272
销售热线：（0451）87900202　87900203

开　　本：880mm×1230mm　1/32　印张：6.25　字数：115 千字
版　　次：2022 年 1 月第 1 版
印　　次：2022 年 1 月第 1 次印刷
书　　号：ISBN 978-7-5484-6401-3
定　　价：98.00 元

前　言

　　我在中学教育行业工作了一辈子，平淡无奇，一个勤于耕耘的园丁而已。我工作过的醴陵六中、长沙市二十九中、长沙市二十三中、长沙市八中，早在我退休前都已撤销停办，不复存在。现在我退休已20年，但我对党的教育事业的忠诚，对莘莘学子的爱心，对众多同窗好友、同行同事的敬仰和怀念，对后辈子侄的关切和期望并未休止。这些文稿和诗词，有些是我退休前写的，多数是我退休后写下的。在师范大学，我学的是汉语言文学专业，本应有多一些文字记录，遗憾的是我没有做到。只好将这些零碎材料按时间顺序收集起来汇编成一册，名曰《园丁拾零》，带有回忆录的性质，算是献给有关单位、有关学校、同事和朋友们的一点历史参考资料，希望能一并供有兴趣的人们交流学习。

邹克斯

2021.11.22 金汇园于星城

目 录

CONTENTS

文稿篇

诗词篇

文稿篇

醴陵六中师范班实习课的总结

1977 年 6 月 23 日

忠诚党的教育事业
——醴陵六中师范班毕业留念 （1977 年 8 月）

遵照县教委去年（注：1976 年）九月区师范班座谈会上提出的关于师范班必须教育实习的精神，我校首届师范班今年（注：1977 年）五月二十六日至六月十八日进行了一次教育实习，现将情况总结汇报如下：

我校师范班实有学生 39 人，其中男 22 人，女 17人，初中文化程度 20 人，高中文化程度 19 人，共青团员 27 人，政治素质都较好。不少学生被公社推荐来之前已经是民办老师了，有一定的教育教学经验，有一定的业务水平。

我们将该班学生分派到 4 个公社 13 个学校进行了一次教育实习，共 21 天（三个星期）。一人因病请假，实际参加实习的 38 人。前 5 天在实习学校熟悉情况、听课、接受实习任务、备课。后 2 天在实习学校总结、评比、鉴定。中间一段时间实习讲课，并且人人都要担任班主任。原计划是将该班学生作初中师资培训，由于该班原来文化程度不同，采取了分中小学、分年级、分科目实习的办法。

在实习期间，共实习小学课程 522 节，其中政治 26 节，语文 292 节，算术 142 节，体育 20 节，唱歌 32 节，科常 5 节，图画 5 节。共实习中学课程 351 节，其中政治 14 节，语文 160 节，数学 132 节，化学 3 节，物理 13 节，体育 19 节，音乐 10 节。

申请实习小学的 16 人，其中申请实习语文的 12 人，申请实习算术的 4 人。申请实习中学的 12 人，其中申请实习语文的 12 人，申请实习数学的 12 人，申请实习化学的 4 人，申请实习物理的 2 人。

实习后，经实习学校书面鉴定，可教小学的 8 人，可教中学的 12 人，其余未获得实习学校书面鉴定。实习后，我校摸底可教中学的 20 人，只能教小学的 19 人。

实习学校对该班这次教育实习的反映是："有我们革命老根据地的本色，有农村学生的本色。劳动观点强，生活朴素，组织纪律性强，虚心好学，工作认真努力，有忠诚党的教育事业的好精神。"（申明学校贺光斌老师）该班学生对实习学校的反映也很好。在东塘学校实习的学生说："实习学校的老师对我们都很关心，我们在那里像在自己学校一样感到温暖亲切。尤其是那里的学生对我们也很热情尊敬，这真使我们感动，使我们感到了做老师的光荣、幸福。实习确实是最实际的学习，这次实习比我们以前在学校的学习收获更大些。"（杨秋龙、贺海春）这次实习，实习学校和学生之所以都感到比较满意，主要是因为我们努力注意了以下几点。

一、争取领导重视

我们争取领导对师范班工作重视的具体做法是：经常向区教革办、区委和学校党支部汇报该班教学计划、教学进度、和学生的思想动态。

实习之前，我们将教育实习的必要性和重要性，分别向区教革委、区委和学校党支部做了汇报，并将实习的编组、年级、科目、时间、程序等方案做了汇报。领导很重视，区教革办拟定了实习学校，向各公社教革组发了书面通知，要求各公社教革组和实习学校把我校师范班的实习当作全区教育革命的大事来抓。各公社教革组接到通知后，召集各实习学校负责人开会，提出了要求，拟定了计划，指定了实习指导老师。区教革办副主任丁守仁同志亲临几个实习学校了解情况，指导实习。贺家桥文教党支部书记杨先刚同志亲自将实习学生带到实习学校，公社教革组文教专干李纪章同志亲自和各实习学校一起研究实习计划和安排，实习期间经常到实习学校巡回检查，对实习生进行指导，实习结束时又和实习生一起进行总结鉴定。马恋公社教革组在实习期间先后两次召集实习学校教改组负责人和实习小组长开会，总结分析情况。申明学校负责人为实习生召开了班主任工作经验介绍会，举办了老教师公开课。所有实习的负责人都能满腔热情地带领实习指导老师和科任老师听实习生讲课，给他们评课，指导他们备课、讲课。

我们学校的党支部书记巫家正同志，在实习期间扶病亲自到各实习学校看望实习生，了解情况，发现问题，与实习生研究解决办法。领导高度重视，热情关怀，学生深受感动。双峰学校比较偏远，处在一条山冲里，分配在这个学校实习的学生，原来有些不安心。觉得这个学校太冷清，学习和工作有诸多困难。巫书记了解到这个情况后，亲自带领班主任到这个学校做思想政治工作，学生们很受感动，一再请领导放心，后来他们都较好地完成了这次实习任务。

二、搞好思想发动

要求学生自觉地把教育实习作为转变思想、提高业务水平的过程，是实习中的一项重大工作，关键是发动。

一是要讲清实习的意义和安排。过去我们一直不停地向学生进行宣传，但那时从业务需要的角度讲得多些。实习之前，我们发现在学生中间对实习有两种反映。一种认为实习是在业务上"大捞一把"的好机会；一种是认为是"丢丑现世"的苦日子。针对这种情况，我们采取了以下几种措施：1. 召开动员大会，请学校领导人做动员报告。讲实习的意义，目的和要求。说明实习不只是要学得一些教书的技能，更重要的是要在政治思想上受到锻炼，得到提高。实习要成为忠诚党的教育事业的实践。要把教育实习当作党和人民交给自己的一项光荣政治任务来完成；2. 组组讨论，鼓干劲，树雄心，开展竞赛，团结战斗；3. 宣讲大障革命根据地的革命传统，要求学生学习大障地区革命先烈忠于无产阶级革命事业，不怕苦，不怕死的革命英雄主义和乐观主义；4. 个别谈话，防患于未然。对业务基础较好的学生，要求他们坚持坚定的政治方向，又红又专，谦虚谨慎，团结战斗。对基础较薄弱的学生，给他们分析有利条件，要求他们树雄心，虚心好学，争取胜利；5. 请去年从师范学校毕业分配到我校工作的老师现身说法，谈实习的经历和体会。

由于我们充分做了思想发动工作，大多数学生在实习期间情绪都很饱满，能遵守纪律，忠诚党的教育事业，勇挑重担。如余连生家庭生活很困难，文化程度也较低，分配在儒塘学校实习，他申请实习的是小学五年级语文，本来他把课都备好了，六月上旬该校小学延长班的班主任兼语文老师要去县里参加"先代会",该校领导要求他接受这个班的班主任和语文老师,他终于勇敢地跳起了这副重担。在巷前小学实习的彭淑贞同学,家住水口山,有个弟弟过继在贺家桥。一天下午放学后,她请假回家拿换洗衣服,得知她弟弟当天在山里砍柴时被毒蛇咬伤,生死不明,本应立刻前去看望,但她硬是回到实习学校请了假后,才跑到贺家桥去看望弟弟。看到弟弟被人拯救过来脱离危险后,她又立即回到了实习学校。回到实习学校时已是夜晚了,身体拖得很疲倦了,但她仍然振作精神,坚持专心备课,没有影响第二天教学,受到了实习学校的好评。分配在贺家桥梓山学校实习的 4 个同学,在实习期间自觉挤时间学习《毛选》第五卷,共集体学习 11 次,写心得 47 篇。业务基础较好的谢凤姣,在实习期间向学校党支部写了决心书,向班团支部写了入团申请,表示要努力完成实习任务,以实际行动创造条件争取加入团组织。原来文化基础较薄弱的黄冬雪,在实习期间也向班团支部写了入团申请,表示要赶先进,创造条件争取加入团组织。还有班长黄海亮,在实习期间向学校党支部写了情况汇报和入党申请。

三、抓好组织领导

我们的办法是按实习公社编为实习分队,按实习学校编为实习小组,每组 5 至 7 人。要求各分队和小组每周向学校作一次汇报。

我们的体会是编好组，搭成组织机构后，要全力抓思想领导，绝不可放任自流，把思想指导的责任推给实习学校。

实习之前，我们要求学生填写了实习表，印发了总结评比、鉴定的内容，分别让各公社教革组，实习学校和实习学生掌握。在汪家垅学校实习的小组人数较多，工作难做。有个学生常要请假离开实习学校，实习学校老师集体给她评课时，她不做笔记，满不在乎。学校领导了解到这个情况后，指派班主任到实习学校布置组织了民主生活会，对这个学生进行了批评帮助，使她受到了教育，较好地完成了实习任务。在申明学校的几个学生各方面表现都较好，就是有一两个学生早晨起来拖拖拉拉，没有和实习学校的老师一起做早操。我们并没有忽视这个问题，布置这个小组每天开一次小组会，纠正不正之风，明确努力方向，后来受到了这个学校的好评。在庙前学校实习的只有两个女生，一个实习语文，一个实习数学。因实习科目不同，两个人在教学上难得有商讨机会。实习数学的周西华历来表现非常好，是去年在本校高十一班毕业后被公社直接推荐到师范班来的，但她教育教学的实践知识少些，胆子小，因此前一阶段她感到日子很难消磨，人瘦了不少。我们了解到这个情况后，布置实习分队经常派同学去看望这两个同学，和她们谈心，谈在实习中的体会和收获，使她们很受鼓舞，终于较好地完成了实习任务。

四、值得思索的问题

总的来讲这次实习情况较好，但也有些问题值得思索：

1. 个别学生在实习时精力比较分散，爱请假，又爱超假，主要是我们平时政治思想工作做得不到家。

2. 去年九月十八日至九月二十日县教委召集的区师范班座谈会要求，师范班每期都要进行教育实习，每次一个月左右。

我们这次本计划只搞 14 天，后来因为全县中学生放 7 天农忙假，延期了 7 天，共搞了 21 天。申请实习中学课程的，先在小学部实习，中学部复课后，再实习中学课程。便于锻炼学生，能提高他们的临场反应能力，也便于全面检查他们的政治思想和业务水平。这个师范班是一年制，旨在培养中学师资力量，课程较多，带有短训班的性质。我们认为在一年（2个学期）的学习期限内，以组织一次实习为好。第一个学期组织短时间的听课、见习和教育调查，第二学期组织一个较长时间的实习。就时间而论，我们认为21 天（3 个星期）是较恰当的。太长了会缩短要学的课程。太短了，刚下到实习学校，沉到教学中去，才尝到一点滋味，就要上来，收获可能不会大。

问题是我们觉得这次实习下去得太迟了，学生刚回来就毕业了，对学生实习期间暴露出来的问题来不及补救。如果学期初或段考之前下去实习，许多缺陷还来得及补救。

（3）指导问题。对师范班的学生来说，实习是最实际的学习。我们学校在这次实习中，对学生政治思想的指导是花了气力的，但由于学校教学人员紧缺，对学生业务上的指导有些气力不够。学生在底下实习有困难，特别盼望本校的老师能指导他们备课、上课，听他们讲课，给他们评课，却只能在星期六或星期天回学校找任课老师解答、指导。劳累，奔波，往往还找不到要找的任课老师。

（4）实习学校的安排问题。各级领导对这次实习是高度重视的，但由于时间紧迫，联系落实实习学校太急促了些，实习学校安排得太散了些，不便于对实习学生组织领导。有的实习学校接受实习任务有不便之处。有的实习学校把实习生当在编教师安排使用，推崇过高了些，可能没有收到应有的效果。我们考虑最好早些联系落实实习学校，尽量集中点，基础尽量能好一些。一个实习学校平均安排 4 至 6 人为好。人太少了，学生缺少互相商讨的机会，也不好过民主生活，如这次在庙前学校就出现了这种情况。

（5）学制期限问题。从这次实习曝露出来的问题看，师范班学制仅一年太短促了些。学的知识太少，受的锻炼太少。最好是两年制，与现行的高中两年制一样为好。文化程度也最好统一，要么都招初中毕业生，要么都招高中毕业生，这样授课和实习都方便些，到底是培养小学师资还是初中师资，目标也更明确些。

【醴陵六中师范班实习课的总结】作者当时系醴陵六中师范班的操办人、班主任兼语文教师。该班当年也叫社来社去的学员，学制一年。毕业照片中的两个小朋友分别是作者的长子和次子，前第三排左起第三位搂着小朋友（即作者次子）的那位女老师是作者老伴梅家庆，前第三排左起第五个系作者本人。作者在醴陵六中十二年一直是以校为家。

　　图为我与同在醴陵六中任教的老伴，以及在这个学校跟着师生们玩耍成长的两个儿子。

立意教学浅试

1985 年 1 月 24 日

醴陵四中同事 （1985 年 5 月）

作文教学要着力培养学生立意能力的发展。不少学生写起文章来往往是"想起什么就说什么，说到哪儿到哪儿"，语无伦次，不着边际。结果不是写成了"流水账"，就是开起了"杂货铺"，中心不明确。一句话——立意能力相当差。现代社会生活的迅猛发展，现代科学技术的高速发展，要求每个人都有一定的立意能力，表达能力。不可想象，一个立意能力相当差的人，怎么能适应现代科学技术的高速发展，怎么能为社会主义现代化做出应有的贡献？那么，如何培养学生的立意能力呢？在作文教学中，我运用了以下一些办法。

一、在讲读中指引

培养立意能力，首先必须让学生在"讲读"课文的实践中去操练。教师必须在讲读课文时加强指引，教会学生读懂课文的立意是什么，作者是如何表达这个立意的，从而使学生懂得立意的重要性和技巧。

过去我讲读课文往往简单省事，讲书不教读。讲读课文时，习惯于一些固定模式。分析讲解课文后，把课文的中心思想（或曰中心内容、主题思想），亦即立意板书一下完事，把讲读课文与作文教学割裂开了。而学生对课文立意也没多琢磨，把读课文与作文割裂开，写起文章来往往东一榔头西一榔头，没有明确的中心。记得我所教的高 77 班读高一时，结合比较复杂的记叙文教学，我曾要求学生做过《从小学到中学》和《初中生活回忆》的作文练习，普遍的毛病是写得散乱，没有明确的中心。因而我在分析讲解课文时开始注意摈弃那些固定模式，修正把课文的立意板书一下了事的旧方法，结合作文教学狠抓立意教学这一环。

鲁迅的《从百草园到三味书屋》和郁达夫的《书塾与学堂》，都是写少年时代的生活和学校生活。这两个名篇在立意方面都可以给人启示。在教学郁达夫的《书塾与学堂》这篇课文时，我在讲解这篇课文的立意方面特别下了一点心思。我要求学生回忆初中时学过的《从百草园到三味书屋》这篇课文，具体分析比较，同是写少年儿童时代生活，同是写学校生活，鲁迅的《从百草园到三味书屋》和郁达夫的《书塾与学堂》，在内容上有何异同，为什么有这些异同，这两篇散文为什么给人的印象都这么深刻，并要求学生做作文练习《〈从百草园到三味书屋〉思想内容分析》和《从〈书塾与学堂〉我看到了___》。通过具体分析比较，学生认识到了好的文章很注意立意，都有个新颖的中心思想。这两篇散文的立意都隐含着对封建教育制度的嘲讽，所不同的是鲁迅的《从百草园到三味书屋》偏重从儿童的生活情趣方面来表现，而郁达夫的《书塾与学堂》偏重从儿童在学堂所受的思想影响来表现，虽然记叙的侧重点不同，但由于都有个明确的立意即嘲讽封建教育制度，所以给人印象都极深。从而使学生认识到文章要有感染力，有生命力，有意义，就必须有个明确的中心，要在立意上动心思。作了这样一些讲读之后，学生在做《高中生活琐忆》这一类作文练习时，中心明确多了，篇章也紧凑得多了。

二、在深化上求索

一些学生的文章思想性不强，感染力不强，一个重要原因是立意不深刻、不新颖。这有选材谋篇的问题，更有生活认识问题。语文老师的责任就是指导学生丰富生活，开阔视野，挖掘主题，深化立意。

我的做法一是勉励学生加强理论学习，多观察体验生活，认识生活，积累素材，平时坚持写日记、札记，一事一议；二是鼓励学生每日坚持读 40 至 45 分钟报刊，丰富见识，活跃思路，仿效范文；三是引导学生上好作文解题课，开掘题意；四是重写改写，深化主题。

如看过电影《高山下的花环》之后，高三月考的作文题是《元帅和士兵——从〈高山下的花环〉英雄形象"北京"说起》，多数学生是从人才的成长、理想的实现这两个角度来写的，立意一般化。阅卷后，我在讲评课时引导学生进一步回顾了一下电影《高山下的花环》故事内容，要求学生重写，见解要独到深刻。结果有的学生从父母的熏陶、家庭的教养、革命的传统和对 80 年代青年的评价几个方面写出了很好的文章。立意深刻、新颖得多了。

三、在选材谋篇上完善

有了深刻、新颖的立意，如果选材谋篇不得法，写出来的文章也会支离破碎，平平淡淡，毫无感染力。这就要指导学生紧密地围绕文章的立意选材谋篇。

教学了孙黎的散文《山地回忆》之后，我曾要求学生做了一次作文练习《妞儿收到红布之后》，不少学生写得很不理想，感到难写，无从下手。

《山地回忆》的主题即立意是写军民之间的深厚情谊，写革命根据地人们对胜利的渴望。这个作文练习实际上是一篇续写，要求学生围绕原作立意，展开想象和联想，写出妞儿对子弟兵深切怀念和胜利到来之时的欣喜之情，主角仍然是妞儿。有的学生开始写时，把妞儿的父亲改为"我"作主角，大写"我"如何带着礼物回到家乡，如何来到妞儿婆家逗耍妞儿，妞儿又是如何口直心善，泼辣淳朴，把本应表现妞儿对子弟兵的深切怀念和胜利到来之时的欢欣喜悦之情，写成了父女亲昵之情，选材和谋篇都是不妥的。

我发现这个情况后，及时向学生讲明要紧密围绕原作的立意来选材谋篇的道理，并辅以必要的文体知识和表现方法，结果学生写出了不少较好的习作。

醴陵四中高七十七班毕业留念 （1985 年 5 月）

【立意教学浅试】本文系作者参评中级职称的论文。作者曾任醴陵四中副书记代书记和副校长，兼任高 77 班和高 88 班语文教师。

语文教材处置三则

1988 年 2 月 2 日

二十九中部分师生

一、注释的准确性

高中语文课本第三册第 231 页注（16）对《信陵君窃符救赵》一文中"急人之困"一词，解释为"解脱别人的困难。急，动词，解急救患"。而第 241 页将"急人之困"列入"思考和练习"之三的例句，并在"急"字下加了点，要求区别题中各例句"加点的动词的使动用法和意动用法"。人民教育出版社 1987 年 3 月版本《教参》第 197 页的答案是"急，是意动用法。"所谓使动、意动，是文言实词的一种活用现象，特殊用法。如取课本 231 页注（16）说，则为动词的一般用法，如取《教参》对课本 241 页"思考和练习"之三的答案，则为动词的特殊用法。我校 1987 年下学期的段考和期考均曾以《信陵君窃符救赵》中的"急人之困"一词为题，要求学生说明"急"的意义和用法，结果有的学生取课本 231 页注（16）说，有的学生取《教参》答案说，莫衷一是。有的学生段考和期考的答案自相矛盾，自始至终不甚了了。那么，这个"急"字到底是动词的一般用法，还是特殊用法呢？我认为应该取《教参》的答案，视为意动用法，作动词的特殊用法处置。"急人之困"即"把别人的围困看成是自己的急难"之意。

首先，辨识一个词的意义和用法要紧扣该词上下文的含义。《信陵君窃符救赵》的中心是表现信陵君仁而下士的谦逊作风，救人之困的义勇精神和深明救邻即救己的爱国主义精神。文中两次写到平原君称颂信陵君"能急人之困"，其用意是激发信陵君救人之困的正义和救邻以救己的爱国主义精神。正是由于平原君的激发，信陵君才能在万不得已的情况下，做出了"往赴秦国，与赵俱死"悲壮决定。课本第 231 页注（16）是对人的一种行为和能力的辨析和判断，而《教参》的答案表示的是一种主观意念，是一种对人的品德和精神的歌颂和赞扬。很显然，平原君两次说信陵君"能急人之困"，是赞颂信陵君的品德和精神，而不只是评判他的行为和能力。如果平原君是处于课本 231 页注（16）说的状态，想来是会很难收到他那种激发鼓动效果的。

其次，注释要讲究准确性。如取课本 231 页注（16）说"［急人之困］解脱别人的困难。急，解急救困"，则"急人之困"为"解急救困别人的困难"，这怎么讲得通呢？所以，两相比较之下，我认为取《教参》的答案是妥当的。

语文老师不仅要教学生读懂书，还要教学生会读书、会作文。培养他们的能力，使他们养成读书不盲目信从、坚持正确意见的良好习惯。为此，对课本中某些注释的瑕疵宜引导学生深入思考，做一些适当的评析。如高中语文课本第三册《柳敬亭传》中有"宁南不知书，所以有文檄，幕下儒生设意修词，援古证今，极力为之，宁南皆不悦"一句，课本 255 页注（2）对"不知书"释为"没有读过书，没有文化"。"文化"一词一般不单指运用文字的能力和认字写字的能力，还指一般社会历史科技知识。如果取课本 255 页注（2）之说，那就是说他不但不会认字写字，而且什么知识也没有。如果说他什么知识也没有，那么"幕下儒生设意修词，援古证今，极力为之"的文檄，他怎么能"皆不悦"呢？可见课本中这个注，说宁南"没有文化"是不确切的。另如高中语文课本第三册《朱元思书》中有"鸢飞戾天者，望峰息心"一句，课本 248 注（6）对"望峰息心"解释为"意思是看到这些雄伟的高峰，就会平息那热衷于功名利禄的心"。"平息"这个动词，一般只与表示风势、纷乱等名词搭配组成动宾结构，该文中的"心"，显然是取其比喻意义，指的是人的思想、感情、意念、心思等，因为其专注集中，可以是一种使人感到纷乱的事物。古汉语多单音词，常常以单音词表示现代汉语双音词的含义。课本中的注释把"息"这个古代单音词对译成现代汉语双音词"平息"，这是很必要的，可是将"心"这个单音词原封不动地与"平息"搭配，构成"平息……心"这种动宾结构，确实很不符合现代汉语用词习惯的。看来这条注释似改成"平息……心思"为好。这虽然都是些很细微的地方，但适当提示一下，对培养学生分析问题和运用语言的能力不无好处。

二、术语的统一性

这里指的是语文教学中的名词术语。

高中语文课本第三册第29页"思考和练习"作了这么一个提示："《海市》这篇散文反映了山东沿海渔村的新面貌。作者运用记叙、描写和抒情相结合的写法，满怀激情地歌颂了故乡蓬莱渔民的美好生活，歌颂了社会主义制度。文章在构思上、表现手法上都有特点。"根据该"思考和练习"题上下意思理解，这里的"表现手法"，指的是作者用以体现、反映自己写作意图的方式和手段，是属于写作上的一个名词术语，具体所指的是文章的叙述、描写、议论、抒情、说明等表现形式。但对于这一概念，语文教材的表述即称谓是不统一的，有时叫"表现手法"，有时叫"表现方法"，有时叫"表达方式"。如：

（1）这个单元的几篇课文都是记叙文，所记叙的内容比较复杂。但都紧紧围绕中心选材，恰当地安排了记叙的线索和顺序，并结合运用记叙、议论、说明、抒情多种表达方式……

（高中一册123页"单元练习"）

（2）下面是白居易写的另一首诗《夜闻歌者·时自京城谪浔阳宿于鄂州》：

夜泊鹦鹉洲，秋江月澄澈。

邻船有歌者，发调堪愁绝。

歌罢继以泣，泣声通复咽。

寻声见其人，有妇颜如雪。

独倚帆樯立，婷婷十七八。

夜泪如真珠，双双堕明月。

借问谁家妇，歌泣何凄切？

一问一沾襟，低头终不说。

阅读这首诗，说说这首诗和《琵琶行》在思想内容和表现手法上有什么异同，你更改读哪一首。

（高中二册241页"思考和练习"）

（3）……写记叙文要求在记叙中适当运用议论、抒情的表现方法……

（高中三册41页"单元练习"）

　　语文教材中这种名词术语的不统一，必定会影响到学生对课文的正确理解，也必定会影响到学生对习题或试题的解答。因此，我认为有必要对教材中这三个术语的同一性做一些适当的说明介绍。

　　还有，在进行语文教学时，对于表达方式、表现手法、表现方法这三个同义术语的具体含义，做一点说明介绍也是非常必要的。诚然，表达方式、表现手法、表现方法这三个同义术语，指的是关于文章叙述、描写、抒情、说明、议论等表现形式，但各有其种类、方法和技巧。如描写，按其种类来分有直接描写、间接描写，有白描、细描；而按其方法和技巧来看，描写常要设喻，这又是修辞手法的问题了。所以在评析文章时，所论及的修辞手法，自然也属于文章表现形式，即表达方式、表现手法、表现方法这三个同义术语的问题了。如不做这样一些必要的介绍和说明，学生解答1987年全国普通高校招生统一考试题第十一题第一小题就会抓瞎，就难免产生何以题目中问的是"表现方法"，而四个选择题答案中说的尽是"修持方法"的问题了。

　　另外，写作学上还有主题、主题思想、中心思想这样三个同义术语。我注意到了，为方便教学，语文教材中只采用了"中心思想"这个术语。在语法学上也历来有不同体系、不同学派，他们观点各异，名词术语纷繁，因此社会上流传的语法专著就出现了百花齐放的局面。为便于教学，现代汉语语法有理论语法即专家语法，另有教学语法。20 世纪 50 年代，学校特别是中小学使用的是《暂拟汉语教学语法体系》，而现在使用的是《中学教学语法系统提要（试用）》，通称为《中学新教学语法系统》。联想到上述两种情况，我想为了便于教学，对于写作学上的表达方式、表现手法、表现方法这三个同义术语，语文教材是否也可以统一一下，只采用其中一个术语呢？

三、标点的规范化

就从课本中的省略号说起吧。

省略号的主要作用是表示文中需要省略的文字。既然文字省略了，那么这部分文字所带的句号当然也可省略。

从前，标点符号的使用不够规范，省略号之后带句号的情况也许是合乎常情的。如：

1.五天后便见报，开首便骂政府和那里面的人；此后是骂都督，都督的亲戚，同乡，姨太太……。

（高中五册《范爱农》）

2.那人便急起来，嚷道，"怕什么？怎的不拿！"老栓还踌躇着；黑的人便抢过灯笼，一把扯下纸罩，裹了馒头，塞与老栓；一手抓过洋钱，捏一捏，转身去了。嘴里哼着说，"这老东西……。"

（高中一册《药》）

值得一提的是，同是鲁迅的小说，其前期写的《狂人日记》（高中四册）里的省略号后无一处带有句号。同是鲁迅写的纪念性文章，其前期写的《记念刘和珍君》（高中一册）里的省略号后就无一处带有句号。这种现象说明，在一个时期里人们使用标点符号是混乱的、不规范的，即使是同一个人的作品，对标点符号的使用也是不确定、不一致的。这是历史条件的限制，我们现在是不好以此为口实的。

自 1951 年中央人民政府出版总署公布了"标点符号用法"后，一般的趋势是省略号之后不再带句号。但省略号使用不当的情况仍时见于报端、图书。常常是叠床架屋，省略号之后又带上句号。虽有不少专家、学者、读者撰文指正，这种标点符号混乱的现象仍然层出不穷。如：

1. 这是一首描写古草原夏天的古代民歌。苍茫辽阔。牧草丰美，牛羊成群……。

（《人民画报》1987 年 11 期 48 页）

2. 此后，一路路订货人员来到了这个昔日很少有人光顾的小村，一批批合格的化工产品源源不断地运往外地……。

（《中国青年报》1987 年 12 月 19 日第二版）

3. 早在 1956 年汉语，文学分科时，胡乔木同志就指出："现在的作文，效果跟老师，学生所费的努力比起来是不相称的。有盲目性，没有方向，缺乏设计……"

（湖南教育，海南出版社《高中作文》三年级本第1页）

上面三个例句中省略号后的句号都是多余的、不规范的。问题是语文教材中一些课文中标点符号的使用也是混乱的。如：

1.……孙中山，为了推翻清朝，为了建立一个强盛的中国，他奋斗了四十年……。

（高中二册《崇高的理想》）

2.现今，创作上有一种趋向：短篇向中篇靠拢，中篇向长篇靠拢，长篇呢？一部，两部，三部……。

（高中三册《简笔与繁笔》）

上面两个例句都是1951年以后撰写的文章中的句子，省略号后的句号也是多余的，不规范的。教材是学生效法的样板，既然教材中标点的使用存在这样一些混乱情况，学生习作中标点的混乱程度也就可想而知了。因此，我认为对1951年以前撰写的文章，图书馆和出版社为了作资料，可保留其原始面貌无须改动；而对各种语文教材中1951年9月以后写的文章，省略号或其他标点符号如有不妥的，做些改动使之趋于规范化是完全有必要的。而语文教师在教学有关课文时，向学生介绍一点我国标点符号使用的沿革，指出其中省略号或其他标点符号使用的不当，更是有必要的。

【语文教材处置三则】此系作者参评高级职称论文之一。作者系长沙市二十九中语文组第一个评为高级职称的教师。

长沙市二十九中初63班毕业照

《义理，考据和辞章》的小标题宜做改动

1988 年 3 月 12 日

长沙市二十九中住所

　　文章的小标题一般有揭示中心内容或概括中心内容的作用。同一篇文章的小标题在内容和形式上都趋于一致，才能使人有一种协调统一的美感。

　　高中语文课本基本篇目《义理，考据和辞章》谈的是如何写文章，特别是如何写议论文的问题。全文共四个部分：第二部分小标题为"观点和材料的统一"；

第三部分的小标题为"材料的准确性";第四部分小标题为"要有好的形式"。第二部分和第三部分都只是概括各部分论述的内容,而第四部分却是揭示该部分的分论点,这在内容上是不一致的。从形式上来说,第二、第三部分小标题是偏正词组,而第四部分的小标题却是动宾词组,也是不一致的。

该文第一部分为总说,点明了题意:义理、考据、辞章"这三个方面是密切地相互关联的",要在这三个方面下功夫把文章写好。这就是全文的中心所在。后三个部分为分说,分别论述了为什么和怎样在义理、考据、辞章三方面下功夫把文章写好的问题。其实这三个部分各有一个鲜明的分论点:第二部分为"观点和材料要统一";第三部分为"材料要准确";第四部分为"形式要完美"。

所以我看应该把文中各个小标题统一到鲜明揭示各个部分的分论点上来,从而使小标题更好地为阐述中心论点服务。从该文表达的需要来看,各部分的小标题似乎可依次改为:第二部分"观点和材料要统一";第三部分"材料要准确";第四部分"形式要完美"。这样文章在小标题的内容和形式上就比较准确一致了。

【《义理,考据和辞章》的小标题宜做改动】该文系作者参评高级职称论文之二。作者当时在长沙市二十九中教高 14 班、高 15 班语文,兼这两个班所在年级组组长。

长沙市二十九中高三年级
任课老师集体办公的体会

1989 年 1 月 15 日（农历十二月初八，星期日）

长沙市二十九中高三部分师生 （1989 年夏）

　　本学期起，我校对本届高三年级高 14 班、高 15 班进行文理分科，任课老师实行年级组集体办公，我任年级组长，教这两个班的语文。年级组是从属于学校教育处、教学处的一个基层单位，又是一个相对独立于教研组的单位。任课老师以年级组的形式集体办公，在我校是第一次，对我也是第一次经历。那么，年级组的工作怎么抓，尤其是高三年级组的工作应着重抓什么呢？我的尝试是：

一、摸清情况

本届高三年级，仅高 14、高 15 两个班，共 84 人，其中男 52 人，女 32 人，包括复读生 4 人。高 14 班为文科班，21 人；高 15 班为理科班，63 人。这一届高三的特点是人数少，基础差，几乎没有学习尖子，班风不好，升学基数小，家长期望大，学校和任课老师的压力都很大。

党员陆明珠一直是教本校高三化学课的老师，开学初两次摸底考试，高 15 班理科仅 6 人和 7 人勉强及格，其中还有 4 人是复读生。高 14 班文科两次摸底考试，应届生无一人达到 1987 年预考上线成绩。

本届高三年级任课老师多是带毕业班的老手，而且原来所带班级各方面情况都比较好。全组任课老师 11 人，其中男 4 人，女 7 人；50 岁左右的 7 人；身体衰弱长期有慢性疾病的 8 人；教研组长 6 人；高级教师 7 人；兼任肄业班课程的 7 人；中共党员 3 人，民主党派 3 人，各有性格特点，方方面面都要照顾到。

面对这一届高三毕业班学生的情况，有的任课老师难免心烦，信心不足，懒得动。看到学校的阵势，学生怕；看到师生们的情况，家长忧。

二、抓住关键

通过分析研究，我们看到上面这些情况，关键是三个字在扰乱所有师生的心魂 ——"升学率"！

不少学生感到自己以前努力不够，基础差，升学无望，垂头丧气，甚至破罐子破摔。有的任课老师感到自己的招牌会砸在这一届毕业班手里，提不起劲头。而家长们感到望子成龙无望，心情沉重。

面对这种情况，年级组反复召开学生会、任课老师会和家长会。

面对学生，年级组反复强调，想升入高一级的学校是有志向的表现，值得颂扬。学校教育的目的就是要使学生成才，升入高一级学校是成才，没有机会升入高一级学校也要成才，成为对社会有用的人才！作为一个学生，不该因为觉得自己没有机会升入高一级学校而自暴自弃，任何时候都要抓紧机会学习，一切希望都在不断努力之中！

面对任课老师，年级组反复强调，老师的招牌是与师德紧密相连的。老师手里有很高的升学率是响亮招牌，但如果工作懈怠松劲，牌子就不会响亮了。

面对家长，年级组强调，望子成龙理所当然。子女升入高一级学校是龙，没机会升入高一级学校也能成龙。作为家长，重要的是督促子女抓紧一切机会努力学知识，要学会为人处世，不要自己毁了自己的前程。

这一切强调，集中起来就是一个意思——作为学校肯定要追求升学率，但不能唯升学率。学校的目的就是要把学生培养成才，培养成有用之才，使他们学会为人处世！地理老师李忠伦年过 50，患有严重心脏病，她常常上课前或下课后要服用救心丸；历史老师甘韵宜也年过 50，患有严重高血压病，常常下课后要伏在办公桌上休息好一阵。体会到年级组的光荣使命，她俩都豪迈表示"蜡炬成灰泪始干"，一定站好退休前两班岗，一定努力带好这一届毕业班！不少学生体会到年级组的谆谆教诲，精神也纷纷振奋起来了。

三、因势利导

年级组会议上对任课老师特别强调，我们都是带毕业班的老手，而且原来所带班级各方面都比较好。不要套用老经验，要根据具体情况采取具体措施，一把钥匙开一把锁。高 15 班班主任吴国英和高 14 班班主任肖警鸣善于将年级组工作方针和基本原则变为实践，抓住关键，启发诱导，使班级发生了一些可喜的变化。

高 15 班

1. 针对该班有能力学习的不勤奋学习，愿学习的受干扰的情况，大力整顿班风，主要抓课堂纪律和出勤问题，开展学习竞赛的活动。经过开学初、段考后、期考前三个回合的锤炼，该班学风和学习成效大有改观。期考刘晓晖夺得学习冠军，黄灿的成绩也很优秀。

2. 针对该班部分学生轻狂自信的毛病，实行班委会轮换制，以难制难，收到较好效果。

3. 针对该班部分学生以学习"重点"班自居，不爱参加学校集体活动的毛病，大力开展培养集体荣誉感活动。结果该班在本学期卫生工作和争夺五项红旗活动中都受到学校表扬。

高 14 班

1. 针对该班多数学生基础差的情况，开展比、学、赶、帮活动，鼓励学生争做合格中学生。现在任课老师普遍反映该班学习风气较好。学生熊博、李军、黄健特别发奋用功。还有刘玲，星期天上午上完课后，下午常常在教室独自学习。

2. 针对该班不少人自卑感严重的情况，开展争做好人好事活动，以使学生充分认识自己的能力和价值。班上设有好人好事登记簿。本期重阳节时该班到敬老院开展尊老敬老活动，受到高度好评。

3. 针对该班不少学生性格拘谨、工作能力差的情况，放手让学生自治、自理、自立，锻炼能力。如韵律操比赛领队李军，就是这样锻炼出来的。

任课老师也能积极配合班主任工作。党员倪杏华是政治课老师，在两个班级开展了前途问题、党的观念、浅谈形势、长沙十年改革、长沙清水塘礼赞等教育活动，对年级组的各项工作非常热心诚恳。现在整个年级组已呈现一派生机勃勃的景象。

【高三年级任课老师集体办公的体会】系作者向学校提供的该学期工作汇报。

长沙市二十三中
申请文明先进单位的报告

1992 年 12 月 9 日

市教委宣传科转呈教委党工委:

我校一九九一年被评为长沙市文明先进单位,自查分为 88。今年我校自查分为 88.5,特申请为一九九二年两个文明建设先进单位。我校今年两个文明建设的特点是:

一、加强了理论学习

在一片大好形势下，我校及时加强理论学习，着重采取了以下几个做法，收到了较好的成效。

一是计划周详，结合实际组织理论学习（详见所附计划安排表）。

二是深入广泛宣传，层层发动。年初学校党建信息员先后向教委发送了五篇通讯报道，其中一篇被市教委党建信息办采用刊发。

三是形式多样，讲究实效。形式上既有书本学习，又有中心发言；既有分组讨论，又有个别谈心；既有外出参观学习，又有校内看电视录像。通过学习，党员和群众更认清了社会历史发展的总趋势，更认识到了中国共产党是一个有强大生命力的党、伟大的党、充满希望的党，更认识到了坚定跟着党走社会主义道路的必要性和重要性，激发了革命热情，鼓足了革命干劲。如党员王春华长期病重，腰腿疼痛，医院诊断住院治疗，仍坚持工作；大约10月26日，党员杨兴建奋勇当先扑灭一辆12路公交车上的失火，不向电视台记者留名留姓。党员葛彦平已到退休年龄，仍坚持承担初中毕业班的班主任和教学工作；王进之是年岁较大的党员同志，肝脾动过大手术，本期担任了高中毕业班的班主任，是我校唯一担任班主任的高级教师；物理教研组长瞿晟在严重超工作量的情况下，仍将学生的课外活动组织得有声有色；党员姚桂华同志负责学校的治安保卫工作，本期追回外单位拖欠和应赔偿的钱款上千元；新调入的赵岚老师和陈映晖老师各自接了一个初中的班主任，也干得扎扎实实、有声有色。

二、加强了改革的力度

鉴于实际情况，过去两年我校比较注重抓稳定问题、安定团结的问题，但稳定是相对的，发展是绝对的，是硬道理。今年以来我校在继续搞好稳定的同时，也重视了发展的问题，加强了一些改革的力度。我们做了以下一些努力。

一是端正办学思想，明确办学方向，突出德育的首要地位。今年我省实行了初中免试保送高中和三好学生优秀干部高考加分制度。我校遵照德育为首的原则和省教委关于中学生思想品德评估要求，认真抓好了这两项工作，无任何差错。学生、家长和社会各界无不满意见。暑假市教委井冈山会议时，我校报送了初中免试保送高中工作的专题经验论文（详附件）。为了丰富学生的生活，使学生全面发展，本期我校在场地、师资奇缺的情况下，做好了各种思想疏通工作，坚持了每班每周至少一下午课外体育活动，成立了学生合唱队和各种体育锻炼队，开展了系列体育、文娱、科技知识竞赛活动和红读活动，不少学生获得优良成绩（详见各种活动获奖名册）。我们还加强了对团委会、学生会的领导，年终我校团委会、学生会分别获得市南区先进单位称号。9月22日，市教委来我校进行德育督导评估，对我校德育工作给予好评。昨天（12

月 8 日）本市六大家在青少年宫召开九二年度"双有"主题教育总结表彰大会，市教委党工委书记何维琪在总结报告中高度肯定了我校开展红读活动所取得的成效。我们以上所做的一切努力，目的都在突出德育的首要地位，变一直困惑我校的考试教育为素质教育。

二是进行教育体制改革的探索。鉴于当前考试教育对我们这一类学校的沉重压力，于本期在初中二年级分流办起了一个烹饪初职班，学生对职业操作课还是很有兴趣的。学校对这个初职班的班委会正加强组织指导，该班委会的作用发挥得也越来越好。

三是努力开源节流，改善教职员工的福利待遇。鉴于我校的校办工厂艰难，我校大力提倡勤俭节约，避免铺张浪费，抵制公费旅游，将有限的资金用在刀刃上，如将学校治安保卫员姚桂华同志追回的外单位拖欠和应赔偿的钱款，用于教师课时津贴和教育教学实验经费，等等。

三、加强了校园管理

校风建设是德育的重要内容，是落实中学生行为规范的养成教育，而校园管理又是校风建设的一项极为重要的内容。我校今年特别注重了加强校园管理。我们主要做了以下几个方面的努力。

一是制定制度，明确职责，协同合作。我校校舍建设不规范，人员杂，卫生条件一度混乱。为改变这种状况，今年学校召集校内有关部门和处室，进一步修改完善了校园管理的各种条例，协同合作，状况有所改观。

二是严格规范单车的停放和出入。兴建了学生单车棚和教职员工单车棚，配备了专职单车看护员。要求学生的单车按班级所在区域和单车编号停放，出入校门按上车线和下车线分别行驶。现在校园内已无乱停放单车的现象，上校和放学时校门口也再无单车拥堵的现象了。

三是今年与外单位合作兴建了一个大型垃圾站。我校原来无垃圾站，各班级和教职员工住户的垃圾随意堆积，很不雅观，气味很不好，清除的成本很高。这个大型垃圾站建起来之后，情况改观了很多。

四是规范宣传阵地。我校原来校园宣传的随意性和盲目性比较大。今年我校开辟了固定的《校园简讯》（已办 20 期），《情况通报》，《校园生活》（已办 15 期）等宣传专栏，报道学校的重大活动和好人好事，为师生们所关注，起了很好的宣传鼓舞作用。

五是加强绿化工作，宣传护花爱花。学校雇请了一个专职花木工，负责校园的花木绿化美化工作，多少有些盎然春意了。由于宣传教育搞得较好，师生们对花木爱护得也较好。

我们的申请当否，请审核。

长沙市二十三中党支部，校长室

1992 年 12 月 9 日

【长沙市二十三中申请文明先进单位的报告】作者时任长沙市二十三中副书记和代校长。

二十三中同事

长沙市二十三中督导评估的自评汇报

1993 年 4 月 3 日

长沙市廿三中　督导评估工作委员会

主　任：邹克斯
副主任：周光耀　任其玉
主任分工：邹克斯：全盘组织制定计划、准备资料、补救改进、总结表彰。
　　　　　周光耀：宣传动员、排难解忧。
　　　　　任其玉：后勤服务、治安保卫。
下设八个办事组，各自任务如下：

市教委各位领导：

热烈欢迎各位领导来我校督导评估！遵照市教委有关督导评估的布置，我校对照评估方案中的计分标准进行了自评计分。结果总计三方面，我校可得分80.31，敬请领导审核。我们是严格按照评估方案计分标准自评的，是较实事求是的（详见我校《督导评估三级标准摸底报告表》）。现将我校有关情况，特别是近三年的有关情况汇报如下：

一、基本情况

我校是一所创办历史刚满30年，办学基础较差的学校，系1963年4月根据省计委［1963］计基字463号文件批准兴建的。设计规模为18个班的初级中学，学生900人，建筑面积7740平方米，总投资控制在60万元以内。1963年4月开始筹建，1963年9月正式开学。由于教育事业发展的需要，从70年代起我校已逐步由初级中学发展为一所完全中学。现有校舍面积约37亩，计24666.6平方米，其中教室30间，实验室14间，大大小小的办公室共20间，另加图书楼面积1200多平方米。图书室藏书约2万1千册。仪器室的仪器，教学中的演示实验，分组实验，基本上能满足教学需要。

我校现共有教学班26个，高中7个班，初中19个班，其中包含一个初职班（烹饪）。学生共1204人，初中916人，其中女生458人，男生458人；高中288人，其中女生126人，男生162人。全校学生团支部16个，团员232人。

我校现有教职员工140人，男65人，女75人。其中教职员124人，男58人，女66人；全民工人13人，男6人，女7人；集体工人3人，男1人，女2人。124位教职员的学历结构为：本科50人，专科62人，高校肄业1人，中专5人，高中5人。职称结构为高级15人，其中男11人，女4人；一级60人，其中男28人，女32人；二级和三级39人；未聘任专业技术职务的 10 人，其中男 5 人，女 5 人。年龄结构为 25 岁以下至 35 岁的 51 人，36 岁至 50 岁的 50 人，51 岁至 54 岁的 16 人，55 岁至 60 岁的 7 人。140 个教职员工中党员 34 人，男 20 人，女 14 人，其中在职在岗的 26 人，占在职教职员工总人数的 18.5%；共青团员 32 人；民主党派中民盟 9 人，民进 1 人。

二、明确意义，统一认识

面对即将进行的督导评估，我校教职员工有过一些看法，有过一些情绪，领导层中也有过人手短缺的重大压力，总之无论是领导还是教职员工都感到很有压力。学校党支部和行政讨论研究了这种情况，认识到要把这次迎接督导评估作为一次提高学校声誉，改变学校工作的机会来珍惜，变压力为动力。"亡羊补牢未为晚"，有些事情现在抓一抓还来得及，赶得上。至少可以明白，今后我们这个学校应该怎么办，应该办成个什么样子。为此我校成立了迎接督导评估工作委员会，下设八个组，各组有明确任务，编制了迎接督导评估工作日程安排表，分别向老师、学生和各处室、组提出了迎督具体要求，并提出了迎接督导的行动口号："明确意义，团结奋进。功夫要用尽，成绩要讲足，缺点问题不隐瞒。实事求是，努力达标。再接再厉，更上一层楼！"从 3 月 15 日起，我校共召集各种形式的迎督动员会 12 次，汇报和准备工作会 15 次。现各项准备工作基本就绪（均详见附件）。

三、近三年来我校工作概况

1. 发展安定团结的局面

从 1990 年下学期起，特别是从 1991 年起，我校特别强调了工作中的协调和学校的安定团结，人心日渐稳定。据我们所知近三年来已很少有群众上访告状的现象了。民主党派也较好地发挥了作用。如 1991 年暑假前评选的两个市级先进教育工作者均为民主党派人士（一个是民盟，一个是民进）。正如党员成圣识在 1991 年底民主评议党员时所写："一个国家、一个单位如能政通人和，那么就会呈现出一派蒸蒸日上的景象，国家、单位就大有希望。现在我国、我校正是这样一派大好局面，我一定要十分珍惜它。"当然，从那个时候起，我们学校并非完全平平静静，毫无分歧，毫无曲折，但由于安定团结的局面一直受到学校领导层的精心爱护和珍惜，各方面的工作开始步入上升趋势。所以 1991 年和 1992 年我校连续两年被评为市文明先进单位，破我校从来没有获得这个荣誉称号的记录。我们认识到，要发展学校安定团结的局面关键是领导层，为此必须做到：（1）领导层对发展安定团结的重要性要有深刻认识，不要自我折腾；（2）领导层要有民主作风、群众观点，不把个人看成是救世主、圣人家长，不把学校视为私有财产;（3）领导层要坚持以大局为重，以党的事业为重，不要感情用事，要把能否正确执行党的各项方针政策，包括统战政策作为党性来要求;（4）领导层要敢于实事求是，一身正气，观点鲜明，但又要坚持组织原则，不擅自行动，乱做决定，该起用的人要敢于大胆使用，该批评教育的要敢于批评教育，该抵制的要敢于抵制；（5）领导层要学习工作艺术，要善于通过做外围工作来化解矛盾，要善于分层领导。由于我校在这些方面的工作做得比较扎实，1992 年 3 月市教委《组工报》有对我校的报道，同年 6 月 5 日省电视台也报道了我校的工作情况。

2. 搞好队伍建设

首先是搞好党员的自身建设。近 3 年来我校特别注重了党员意识的教育，要求党员在各方面起先锋模范作用。以 1991 年下学期为例，全校在岗党员 26 人，占全校教职工的 18％。专任教师 91 人，其中党员 19 人，占 20.8％。这 19 个党员，94.8％是满课时或超课时，无一个党员埋怨叫苦。该学期担任义务执勤的在岗党员 16 人，占执勤队伍的 76％，表现突出。该学期义务担任班级团支部政治辅导员的 12 人，占在职在岗党员的 46％。1991 年学校评出先进教育工作者 39 人，其中党员 11 人，占 28％。可以说党员同志在我们学校各方面是发挥了骨干作用的，学校党员同志的优秀事迹是感人的。如有的同志年事已高，一身病痛，仍耕耘不辍；有的同志关心群众安危、学校利益，挺身而出，见义勇为；有的同志忠于祖国，红心向党，出国探亲，提前回国，一回到学校，就要求马上恢复组织关系投入工作；有的同志长期战斗在学校治安保卫第一线，尽职尽责，做无名英雄，追回不少该赔偿或被拖欠的资金。他们为学校做出了多种贡献。

其次是搞好青年教师队伍的建设。我校目前35岁以下的党员和年级组长以上的干部仍然几乎为零。所以这3年来我校开始努力抓好青年教师队伍的建设。我们的具体做法是：（1）政治上高度关心。鼓励青年教师积极向党靠拢，又红又专；（2）业务上大力培训。工会举行青年教师入校座谈会，签订以老带新师徒合同，举办老教师示范课，开展青年教师赛课活动，择优外出参观学习，对通过成人自学考试获得文凭者给予奖励，等等；（3）生活上热情关照。办好食堂，解决青年教师结婚用房、液化气供应等问题；（4）工作上大胆使用。本期高二和初二共9个班的班主任，除2个原来当过班主任外，其余全部是青年教师，约占80%。近2年的时间内，这两个年级情况良好，尤以高一那个年级为好。8个教研组长，有4个是35岁以下的，占50%。

　　1991年下学期教工团支部进行换届选举，产生了新的团支部委员会，现正在生气勃勃地开展有关工作。在良好的气氛中，青年教师都积极肯干，力求上进。1991年下学期我校写入党申请书的共18人，其中35岁以下的9人，占所有青年教师的20%，占所有新写入党申请书的50%。该学期工会举行"园丁杯"片段教学竞赛，共12人参赛，其中11人是30岁左右，占参赛教师的92%。1991年12月5日至30日我校举办第四届青年教师赛课，有15人参加复赛，占所有青年教师的34%。1992年暑假市教委在井冈山召开教育工作会议，学校报送了《我校是如何做好青年教师培训工作的》专题经验材料。

3. 提高教学质量意识

我校生源差，过去的教育教学管理并不正规，教学质量不够理想，一直是困惑我校的一个重大难题。1991年3月24日职代会通过的该年工作计划确定了我校要"坚持以教学为中心"，努力提高教学质量的目标。此后我们做了以下努力：（1）深入宣传学习全面贯彻教育方针，纠正片面追求升学率的倾向；（2）深入宣传师德规范，提倡奉献精神、蜡烛精神，热爱学生，不排斥差生；（3）大力开展整顿班风、学风、考风的活动；（4）大力开展教学科研活动，鼓励写教学科研论文，开展赛课活动；（5）加强对教研组活动计划性、针对性的指引；（6）创造条件建立年级组、毕业生工作领导小组，抓好德育，配合班主任整顿班风、学风和考风；（7）深入课堂听课，鼓励教师向课堂45分钟要质量；（8）探索教育体制改革的路子。1992年下学期办起了一个初职班。该班的班训是："做诚实纯朴的学生，遵守纪律，力求上进。学好文化科学知识，走一技之长道路。"指导思想是面向社会，为社会培养实用型人才，为我市第一家。

由于我们做了这些努力，1991年2月21日，当时教委副主任张作耕同志在全市中学书记、校长会议上，代表教委表扬我校在1990年11月的教学检查和1991年1月的高中毕业会考成绩显著，破我校多年在教委得不到表扬的记录。该年我校初中毕业会考，合格率提高20%多，主要是初三年级组的工作开展较好。该年我校高中毕业班 50 人参加高考，上线 10 人，占参考人数的 20％，其中江南（考取湘大数学系）数学为满分。因此 1991 年 10 月市教委中教科介绍南昌市教委负责同志和部分中学校长来我校调查了解组织高中毕业会考和高考的经验体会。从 1990 年起我校高中会考和高考成绩一直处于上升趋势，在南区普通中学中也略处优势。

4. 坚持德育为首的地位

我校德育的任务是十分艰巨的。首先是生源短缺。以 1992 年招生为例，初中计划招收 338 人，完成计划的 62％，招收约 210 人。报到时转出外校 13 人，有档无人 5 人，实际招收 192 人，仅完成计划的 57％。高中计划招收 150 人以上，实招收 110 人，完成招收计划的 73％，其中报到时转出外校 11 人，有档无人 10 人，实际招收 89 人，只完成招收计划的 59％。我校招收计划老是不能完成，主要原因就是家长和学生看不上我校的校风校纪和教学教育质量。初中高中录取成绩历年在南区主要直属中学里都是最低的，学生情况复杂。有的班，如本期的初 180 班（初三），残、怪、穷、孤齐全。当然，大部分学生并非智能低下，多数为学习目的不明确，学习态度不端正，上进心不强，主要是思想品德方面的问题。针对这种情况，1991 年 3 月 24 我校第五届职代会通过的该年工作计划明确提出学校要"坚持把德育放在首位"，并制定了 17 条措施，达成了共识。大家认识到，邓小平同志号召青少年要做"有理想，有道德，有文化，有纪律"的四有新人，其中有三项是属于思想品德方面的，旨在突出思想品德教育，变考试教育为素质教育。像我们这类生源短缺、素质差的学校靠排斥差生，靠加班加点，靠拼消耗精力，片面追求升学率肯定是没有出路，是提高不了声誉的，而应该首先加强思想品德教育、素质教育，以使学生明确学习目的，端正学习态度，提高学习积极性。这样学生才会提高学习能力，学校才会有高的升学率，才会有好的声誉。

经过努力，近3年来我校无犯罪记录，消灭了恶性事故，学生已基本上做到了1991年学校工作计划中提出的"五不"："不乱停放单车，不骑车进出校门，不搭人骑车，不在街上追跑撩打，不在摊担前买零食吃。"1992年我校认真做好了初中毕业生思想品德评价和保送升高中的工作，并为保送生办了一个"腾飞班"，据说这项工作我校是市直属中学里做得最好的，1992年暑假市教委井冈山会议时，有我校报送的《我校是怎样搞好高新免试保送工作的》专题经验材料。我们还认真做好了1992年高中毕业生思想品德评价和三好学生优秀干部高考加分工作，有详尽的实施细则，有完善的领导机构，做到了学生、家长、上级领导均满意，无偏差，无返工。"红读"活动红红火火，1991年7月上电视；7月30日《长沙晚报》第二版有报道；11月份被评为省先进单位，市属中学仅本校一家。自1990年起，我校"红读"活动获省市嘉奖38人次，团队工作获省市嘉奖55人次。1992年我校团委为初177班谢长秋同学动手术治病，开展"献爱心"活动，捐助资金 1300 多元，该学生家长所在单位湘粮机械厂授予"恩师有厚爱，学友见真情"的锦旗。现今我校德育科研活动较为活跃，写出了一些德育论文，据说市教委中教科和教科所都肯定我校是1991 年交送德育论文最多的单位。

5. 努力改善办学条件，整顿校容校貌

我校固定资产资产 103 万元，年国拨教育事业费 39 万元，自筹经费保险性的收入只有 7 万元左右，财金异常拮据。但医药费一项 1991 年超支就有13859.52 元，1992 年超支达到 28799.42 元，合计47658.94 元。在困难情况下，我们本着后勤为教学服务，为师生服务的精神，1991 年和 1992 年自筹资金，努力改善了一些办学条件：(1) 购置课桌椅，图书柜花用 17126.29 元；(2) 各项小型维修和兴建单车棚共36241.09 元；(3) 实验室，电教室基本建设 8058.66 元；(4) 筹建初职班 5210.88 元；(5) 食堂拨款 11120.60 元；(6) 购置书报杂志 7171.82 元；(7) 绿化美化校园约4687 元（含花工月工资 165 元）。

以上 7 项共 89608.34 元，加上补贴超支医药费47658.95 元，合计 137265.34。也就是说 1991 年和1992 年我校保险性的自筹经费 95% 以上都用于改善办学条件和为师生服务。与此同时，近 3 年来，我校还注重了整顿校容校貌。现在我校宣传栏场地较规范，刊发较定期化，环境卫生和绿化工作有专人常年经管。体育器材等设施有所改善。1991 年我校被评为添置设施和修建体育场地先进单位，同年市教委《教育简报》有关于我校搞好校园卫生状况的报道。

四、问题与不足

1. 教育教学质量有待进一步提高。

2. 校门处于深街老巷，交通闭塞，学生出入校门极为拥堵不便；办公楼长期处于湿漏状态；教职员工住房短缺等，仍是学校不安定因素。

3. 后备干部不足，仍有动荡。

4. 电教、劳技、体育等设施有待强化。

5. 稳定，团结协调工作还要加强。

CHANGSHA JIAOYU

浅谈党委领导下的校长负责制

● 浅谈校长负责制中的政治思想工作
● 主动适应求发展　深化改革创特色
● 冠亚之声——心理教育实践与研究
● 浏阳市教育学会论文专栏

　　一九九三年下学期长沙市开始全面推行校长负责制。实行校长负责制后，校长的责任更重大了，权威更高了，但光靠权威和经济刺激是搞不好工作的。要搞好校长工作，必须充分依靠党的思想政治工作优势，这是校长负责制中的一个重要课题。过去是这样，现在是这样，跨入下一个世纪，甚至更久的将来也会要这样。在迎接下一个世纪到来的时候，作为一个校长有很多东西要学习，要适应，而这一课题却是永远不能忘却和放弃的。如何充分发挥党的思想政治工作优势呢？在实践中我们体会到有以下几个方面的工作要抓。

一、在领导班子建设中加强思想政治工作

领导班子是学校整个工作的核心。可以说学校工作的成败完全取决于领导班子的坚强与否。一个学校的领导班子坚强与否，一方面有赖于组织人事部门的精心挑选，合理配备，最佳组合；另一方面有赖于在学校工作中充分发挥党的思想政治工作优势，加强领导班子的思想建设。

历史的教训和一些学校的现实告诉我们，一个单位矛盾重重，问题不少，首先可能是党政领导人关系不协调，很难共事。因此虽说是实行校长负责制，我校领导班子，首先是书记和校长都十分珍惜相互之间的团结合作关系，并时刻向其他领导成员宣传和强调这种团结合作的重要意义。校长在行使学校行政职权时很注意咨询书记的意见，而书记在加强党对行政的领导监督作用时，也很尊重校长的意见，党政分工不分家，关系一直很协调。

在加强领导班子思想建设方面，我们的主要做法

有以下几点：

一是宣传和强调大家要有共同的奋斗目标。要多琢磨事，少琢磨人。不要计较职位的高低，权力的大小，名利的多少，要反躬自问事情干了多少。

二是宣传和强调相互之间要多尊重、理解，求同存异。要充分认识各人有各人的长处、工作方法、经验能力、性格特点和实际困难。工作上只要目标一致，尽力而为，又善于总结经验教训，就不要总说人家那也干少了，这也做错了。要宽容些、大度些和有情感些。

三是宣传和强调要坚持民主集中制。要多谈心，互相沟通情况。重大事情、原则问题都必须由党委会、校长办公会和行政会议决策，以便大家在贯彻执行时心中有数。会议上集体决定了的事必须先执行，个人意见可以保留，但不得说不利于民主集中制的话，不得做不利于民主集中制的事。在这方面，我校领导班子，现在都已有了良好习惯，几乎每天都要碰头聚会，议一议、说一说学校有关情况。

四是宣传和强调每个领导成员要像爱护自己眼睛一样，自觉维护领导班子的团结，不要偏听偏信，不要拉帮结派，以至让某些人为了达到个人目的而钻了空子。

五是宣传和强调警钟长鸣，廉洁，自律，起模范表率作用。为此我校制定了领导干部兼课只拿一半课时津贴的规定。书记和校长还相互约定，除接受上级直接授予的荣誉称号外，放弃在学校参加各项荣誉称号的评选；放弃在学校参加连续三年绩效评为优秀晋升一级工资的评选；放弃在学校参加特级教师的评选。

在领导班子思想建设方面，由于我校坚持抓了这几条，认识比较一致，意志比较统一，所以近三年来，我校遇到的一些棘手问题、难点问题，最终都比较圆满成功地解决了。

二、在贯彻教育方针中加强思想政治工作

我国的教育方针是"教育必须为社会主义现代化建设服务，必须与生产劳动相结合，培养德、智、体全面发展的建设者和接班人"。

正确而全面地贯彻这一方针，是校长神圣而崇高的职责，是校长最根本的职责所在。而在这方面，往往会遇到习惯势力顽强的阻力、各方面利益的尖锐冲突。为了正确而全面地贯彻这一方针，校长特别是薄弱中学的校长往往处于"上下不是人，左右不是人，内外不是人"的尴尬境地，特别需要党组织的理解、支持乃至声援，不充分发挥党的思想政治工作优势是完全不行的。本人作为一个校长，在这方面，一直获得了学校党组织的充分理解和支持，因而较好地克服了以下三个问题。

首先是克服忽视对学生进行思想品德教育、做人教育的问题。像我们这类生源极差的学校，这方面压

力更大。事实上我们这类学校如果忽视对学生进行思想品德教育、做人教育，校风就会更差，生源就会更差，学校声誉就会更低。基于这种认识，我们学校在努力提高教育质量的同时，狠抓对学生的思想品德教育、学习目的和学习态度的教育。学生的思想品德主要是通过行为习惯反映出来的。为此，我校突出进行了校门出入纪律、单车停放纪律、午休纪律、街邻纪律、交通纪律和消防安全纪律的整顿教育。去年还以初一年级入学教育为中心，在全校各年级开展了学习和遵守校规校纪二十条的活动，都收到了良好效果。过去我校学生流失率很高，尤其是初中部，学生普遍畏学、厌学。从 1993 年下学期起，我们以控制流失率、提高巩固率为突破口，强化了对学生学习目的和学习态度的教育。成立了以书记、校长为首的劝学领导小组，涌现了许多感人的事迹。如初 180 班一个学生，家庭情况特殊，其父患精神病，父母长期分居，从初一到初二，在不到两年的时间内，旷课 280 多节，但该班班主任、党员任涛未嫌弃他，前后上门劝学 16 次以上。目前我校初中部的流失率已得到有效控制。本届初三年级流失率已接近于零，整个初中部的流失率已控制在 1.73% 以下。

其次是克服片面追求升学率，盲目加班补课，进而乱收费的问题。事实上盲目加班补课不见得有好效果，不加班补课的未必没有好成绩。关键是按教育规律办事，提高 45 分钟的课堂效应。盲目加班补课，加重学生负担，只能适得其反。盲目加班补课乱收费，只会损害教师自身形象和学校声誉，也是适得其反。对此，我们学校做了大量说明解释工作，态度很鲜明。党委配合行政先从党内分层次分对象反复动员，提出必须全面整改，给予了有力支持。因此我校在减轻学生负担和纠正乱收费等工作方面取得了较好的效果，上级教育行政部门和物价部门来校检查时都给予了较好评价。

再其次是克服只争福利待遇，在教育教学方面舍不得投入资金的问题。我们学校是个大学校，更是个穷学校。要提高学校声誉，就得改善校容校貌，添置教育教学设施。要恢复和发展我校的传统特色教育，即男排、铜管乐队、美术教育，就得增加资金投入。这就会影响到教职员工的福利待遇，就会遭到一些人的抵制。其实这是短期利益与长期利益矛盾的问题，个人利益与集体利益矛盾的问题，有大量的思想政治工作要做。一九九四年为了省实验教学验收达标，学校支付了四万多元，暑假集体旅游的计划也因此取消了。为了重振我校男排、铜管乐队和美术这三条教育"小龙"的雄风，我校共支付了八万多元资金。去年为了迎接创建国家卫生城市的验收，我校又支付了三万多元。教职员工的福利待遇是受了一些影响，但学校的影响却扩大了，长远利益还是存在的，是值得的。以省实验教学验收达标为例，我校的特点是基础差，决心大，措施具体，工作细致，效果好。省仪器站和北区政府领导同志称赞我校"为长沙市争了光，为北区争了光，应该嘉奖"。在这方面学校党组织对行政始终给予了坚决有力的理解和支持，教职员工们最终也都理解和接受了学校这一决策。

三、在教师队伍建设中加强思想政治工作

1993 年上学期督导评估指出我校的问题之一，是教师队伍不稳定，积极性不高。三年来，除了努力开源节流、改善教职员工福利待遇和建章立制、加强教师队伍的管理外，我校采取的最得力的方法还是充分发挥党的思想政治工作优势，加强师德教育，依法执教，依法治校。

一是抓政治学习和升旗仪式。用有中国特色的社会主义理论和爱国精神指导和布置学校工作。实践证明在每周的政治学习会和升旗仪式上将学校一周或一段时间内工作的成效和存在的问题向全体师生员工报告，提出要求，是一种很重要、很有效的制度，我校一直坚持得较好。

二是抓稳定，抓正确的舆论导向。我们的主要做法是，首先学校要深入领会上级精神，深刻理解稳定与改革的辩证关系，树立搞好社会治安综合治理、确保一方平安的高度政治责任感，确定学校稳定工作的重点和难点。通过分析研究，我们认为像我们这样一个老学校、大学校，稳定工作的重点应是包括离退休同志在内的教职员工，难点是如何正确对待市场经济

冲击下的个人利益。其次是要进行正确的舆论引导，大力宣传雷锋精神、敬业精神，引导教职员工全面正确地理解《教师法》《教育法》《劳动法》等法规，讲究师德。反复宣传强调《教师法》《教育法》，不只要讲尊师重教、提高教师的福利待遇问题，还要讲提高师德、提高教师素质的问题；教师本身也有一个执行《教师法》《教育法》《劳动法》的问题，有一个要依法执教的问题，要做遵纪守法的模范、教书育人的表率，不要搞盲目的福利主义，不要在工资、福利等方面上当受骗、搞串联、上访请愿等。在具体推行各项改革举措时，要十分积极稳妥。每项改革举措实施之前，要充分论证，交底吹风，掌握思想动态，分层次分对象动员说明，征集意见，然后由领导集体讨论决定，建章立制，最后在执行中完善。最近两年，我校在分房调房，调整课时津贴，发放30％的活动工资，清理和纠正乱收费，整顿揣着病假条、揣着要求提前退休的报告、揣着请调报告相威胁等现象工作中都是这样做的，所以进展都比较平稳。

三是抓团结奋进精神。由于自八十年代起，我校各方面工作一直处于异常艰难的境地，教职员工对学校的建设发展，各种争先创优活动，往往缺乏信心，劲头不足。面对这种低落情绪，我校着力进行了团结奋进精神的教育。要求党员和群众不要埋三怨四，消极观望，安于现状，而要面对现实，自信努力，积极进取，化被动为主动，化压力为动力。每完成一项重大工作之前，学校领导总是先充分统一认识，并制订切实可行的计划，然后分层次分对象进行动员布置。强调目的意义，分析存在的困难，讲明有利条件，并分期分片分点进行督促落实，分阶段小结，最后进行总结表彰。从而较大地调动了教职员工的积极性，鼓舞了教职员工的信心，各项工作达到了预期效果。1992年3月学校被评为文明先进单位，结束我校自1986年以来一直未进入该行列的历史；7月学校领导班子被评为"比团结，赛实绩"优胜领导班子。九十年代我校初中毕业会考最低合格率只有38%。今年我校初中毕业会考合格率达72%以上，破九十年代最高纪录，比去年提高19个百分点；今年初中毕业会考成绩与三年前的入学考试成绩相比，在全市范围内提高了七个名次。今年高中毕业班的高考录取情况也较好。

我校在校长负责制下，虽然在充分发挥党的思想政治工作优势方面有了一些肤浅的体会，但其他各方面的工作还做得很不够，任务还十分艰巨。今后我们一定要在教委领导下，更努力工作，把学校工作搞得更好些，争取为培养跨世纪人才做出较大贡献！

【浅谈党委领导下的校长负责制】 初稿最先刊登于《长沙教育》1996年第二期头版头条。作者撰写该文时任长沙市八中校长。按照市教委组织部门的安排和要求充实调整后，1999年11月8日入选长沙市举行的跨世纪校长理论研讨会汇编的《论文集》，获证书和奖金。

獲獎證書

邹克斯同志：

　　你撰写的《浅谈校长负责制中的思想政治工作》一文，荣获"长沙市培养跨世纪校长理论研讨会"优秀论文奖。特发此证。

中共长沙市委组织部
中共长沙市委教育工作委员会
一九九六年十一月八日

八中男子排球队 （1994 年）

人民不会忘记我们，后人不会忘记我们

——1995年教师节讲话稿

各位老师，同志们！

　　一年一度的教师节即将来临，今年教师节头一天适逢中秋节，喜日连连。首先请让我代表学校党委和校长室向各位老师、同事、同志致以教师节的亲切慰问和崇高敬意！

　　教师是最具奉献精神的职业，常被人们赞颂为蜡烛、艄公、人梯、人类灵魂的工程师，被誉为阳光下最光荣的职业。我们认为教师固然是以奉献为主，付出得多，消耗得多，但也有常人不可能有的收获和报偿。

最近全国上下都在深入热烈地庆祝抗日战争及世界反法西斯战争胜利50周年。九月二日晚上中央电视台举办了名为《光明赞》的大型文艺晚会，这个文艺晚会的题词叫"人民没有忘记，后人不会忘记"。在庆祝抗日战争胜利50周年前后，中央领导同志纷纷向健在的抗日英雄模范致敬，在天安门广场人民英雄纪念碑向抗日英烈表示深切悼念。这一切深刻表明了，对于在那场艰苦卓绝的抗日民族战争中英勇奋斗、流血牺牲的英烈和死难同胞们，人民没有忘记，后人不会忘记。

当今世界，依靠武器和战争去侵占和掠夺他人，已不是帝国主义和殖民主义的主要手段。他们国际竞争和较量的手法已变为以增长经济实力、提高综合国力、挤占市场、积累巨额资金为主。历史的惨痛教训告诉我们，落后就要挨打。而经济实力、综合国力，实际上就是一个科学技术问题。而科学技术问题实际上就是一个人才问题，人才问题就是一个教育问题。搞好了教育就能出人才，有了人才就能发展科学技术，发展了科学技术，就能增加经济实力，提高综合国力。从这个意义上说，我们现在从事的教育事业，无异于一场战争。谁在这场特殊的。没有硝烟火药味的战争中做出了贡献，付出了代价，就是发扬了崇高的爱国主义精神，人民同样是不会忘记他的，后人是不会忘记他的。

我们八中是个生源较差的大学校，工作更艰巨，只要我们搞好了八中的教育教学，人民就不会忘记我们，后人更不会忘记我们，学生不会忘记我们，包括那些差生都不会忘记我们。我们多数年长一点的老师都有这样一种体验：越是差生越能感激老师当年对他们的教育和培养，越会记得老师，往往多年以后还常常来看望和拜访老师。每当这种时候，我们感到老师得到的报偿是多么难得和珍贵，心中感到多么欣慰和自豪！

为了使人民不忘记我们，后人不忘记我们，当前我们八中所有教职员工要上下齐心协力，做好一切准备，强化德育，进一步整顿校风校纪，迎接督导评估，争取我校教育教学督导评估后能上一个台阶。另一方面，我们要上下齐心协力，努力开好第三周的我校体育运动会，争取以优良成绩迎接市中学生体育运动会的召开，并创造优异成绩向建国四十六周年献礼。

各位老师，同志们！

总之，只要我们齐心协力在八中这个教育战线的阵地，创造出坚实的业绩，归根结底人民是不会忘记我们的，后人是不会忘记我们的，所有的学生也是不会忘记我们的。明年和以后各个教师节，我们就会感到更光荣和欣慰。让我们共同努力吧！

最后我代表学校党委和校长室衷心地祝愿大家中秋节愉快，阖家欢乐！

【人民不会忘记我们，后人不会忘记我们】作者时任长沙市八中校长和党委委员。

八中老友 （1997 年 2 月 8 日于朝阳二村）

《黄汨潜诗词集》序

2004 年 7 月 1 日于星城侯家塘

　　黄汨潜老师二十五年前曾与我在一个县教中学语文，我们在县语文教研活动中见过。后来我们先后调来长沙市八中，可谓是早已相识的老同事了。他才华横溢，激情满怀，在几十年执教之余常有诗作或论述抒怀。当年与我同在某县教学时，他在文学艺术方面就很活跃，令我这个粗浅乏知的人羡慕不已。

　　如今，黄老师已退休十多年，但他激情澎湃不减当年，夕阳无限好，仍常有诗词歌赋抒怀。我拜读了黄老师大部分诗作和文稿，深有感触。若谈诗论词，我学识粗浅，无从谈起。但我深深认识到，应该是诗如心声，诗如其人，诗是人生和社会的写照；我也深深地认识到，诗应该是时代的鼓与号，是闪亮的旗帜。这些要素在黄老师的诗文里是均有强烈反映的。现在他的诗词结集出版了，我是应该首先向他表示庆贺的。人们倘能认真地读一读他的这些诗文，是会有收益的，能昂扬奋进的。

　　我们不必倡导人人都去做专职作家或诗人，也不应倡导人们弃教从文，但教人游泳，自己应该会游泳；教人读诗文、写诗文，自己应能动笔写一些诗文。作为一个从事语文教学的老师，我还深深地感到，在辛勤的教学之余，下点功夫也写点诗文，不失为一件好事、美事。在这方面黄老师几十年如一，乐此不疲，堪称楷模典范，可敬可仰。

　　另外，我还深深地感到，人要活得健康向上，得有寄托和追求。人们告老退休后，搞健身运动，四处观光旅游，或学绘画练书法，或唱歌跳舞，都是养生长寿的好办法，而看书读报，写诗赋词，则不失为一种美好的情趣。我看黄老师而今七十有六，却身板硬朗，胸怀开阔，谈吐高雅清晰，步履敏捷平稳，很可能得益于他几十年对诗词歌赋的热爱。所以，我从黄老师的诗作文稿中不仅感觉到了深深的夕阳情，更深深地感觉到了明日满天灿烂的阳光。
是为序。

　　【黄汨潜】作者的老同事，长沙市周南中学桃源诗社创始人，首任社长，著有《汨潜诗文》一书。

莫让精神财富流失

1999 年 8 月 6 日于长沙市朝阳二村

攸县皇图岭镇笔增村烈士纪念碑

新中国刚成立时，我就跟随父母离别了故乡攸县皇图岭镇笔增村，先后在外求学和工作。整整 50 年了，故乡时时令我魂牵梦绕，不仅因为那里有养育我的山水、亲人，更因为那里洒有革命烈士的鲜血。在村小学和县二中正面，醴茶铁路东面的山坡上，有一座革命纪念碑，下面安葬着无名烈士的尸骨。他们是故乡解放时牺牲的解放军指战员。70年代初期，纪念碑刚建立时，我回故乡去瞻拜过。它高大雄伟，耀眼庄严，一进入那个境地，就有一种崇敬肃穆、奋发向上之感，使我对故乡更有一种亲切自豪之情。解放前夕我是个七、八岁的孩子，在村头见过解放军部队日夜浩浩荡荡，一往无前向南方挺进的壮观情景。他们豪迈雄壮地高唱着人民解放军进行曲"向前，向前，向前"的气势，至今常常在我脑海中涌动。多少年来，每当我遭遇波折，是这种涌动，使我在走出故乡的路途中，努力"向前，向前，向前"！很明显，当年解放军战士为人民解放事业，不怕流血牺牲，前赴后继的奉献精神，对我来说是一种宝贵的精神财富，它时时使我振作，给我以推动力量。我一想起那些同样有父有母、有家有室、不知名姓、可敬可爱的英灵，躺在我故乡的泥土中，就有一种说不出的感动和难受。尤其是想到今年即将迎来建国50周年大庆，更勾起要回故乡为他们祭奠和了解烈士事迹的心愿。

5月27日傍晚，我终于回到了阔别已久的故乡。因为大伯去世已近一年，我先去大伯墓地前祭奠了一番。在坟山，夕阳斜照之中，堂弟妻指给我看，解放前本村大户人家的坟墓，于去年冬已修饰一新，很气派，在整个坟山格外显眼，墓前还插放着没烧完的香烛，残留着未烧透的纸钱。我没有说什么，联想到近年来各地重修祠堂庙宇和开发名胜古迹之盛，不禁想到，那烈士纪念碑如今是个什么情景呢？

第二天一清早，我急匆匆地去瞻仰烈士纪念碑。清风晨雾，旧地重游。昔日的神圣之地，棚架狼藉，茅草覆盖着砖坯，尽是烧制红砖的工棚场所。我转悠了许久，竟没有找到碑的方位。问一位匆匆去县二中上学的男生，说是搞不清楚。最后是县二中一位晨练的退休物理老师，热心地把我带到了碑前。只见一片风蚀剥落、开裂坍塌的景象，碑上当年追念、赞颂的字句已看不清了。四边杂草丛生，泥土因烧制红砖被挖掘掏尽，露出一个个坑道。我深感震撼，在纪念碑前没站立多久，便转身拖着沉重的步子往回走了。

走到纪念碑附近一座新砌的住房前，遇到一个青年农民姚亮元，30多岁，自称上学读书时在学校参加过到纪念碑前悼念烈士的活动。我问他知不知道那些烈士的革命事迹，还记不记得碑上写了些什么。他笑吟吟地说不知道。但他郑重地告诉我，本村有个叫刘全召的老人，原来给人们作报告，宣讲烈士事迹，他有个本子写着有关资料。

接着我走下山坡，面向东方，漫步在田垄中。一轮红日高升，田野里一片葱绿，生机盎然。听人们纷纷说今天小学要举行庆祝六一儿童节的文艺活动，所以一清早小学生都未背书包就欢腾着到学校去了。女孩子们都穿着白衬衣，头上扎着红蝴蝶结，戴着红领巾，显得无比的鲜艳可爱。去县二中上学的中学生服饰整洁入时，有的三五结伴，有的骑着各式各样新潮时尚的自行车飞速往学校赶，个个是那么朝气蓬勃，欣喜而欢畅！朝霞映照着 106 国道边那一幢幢新砌的高大村民住房。国道上来来往往，大大小小的车辆轰隆隆地向前奔驰。醴茶铁路与 106 国道在田野中相隔，并行向南北伸延。儿时记忆中贫穷、荒凉、闭塞的故乡，如今变得像个新开发崛起突进的闹市。解放 50 年以来，特别是改革开放以来，祖国像红日东升一样，一切都是这么辉煌灿烂。祖国变美了，故乡变美了，变得富足了，青少年比任何时候都更幸福欢乐了。望着那些幸福欢乐地去学校的孩子，我深深感到我们的事业是有希望的，祖国的明天将更美好，先烈们的英灵在地下可以安息了。但我一想到砌成国道边那一幢幢高大村民住房的红砖，有些也许就采用了纪念碑周围的泥土，有些泥土也许还沾有烈士的鲜血，又不无愧疚。于是，我要寻觅烈士们事迹的心情更迫切了。

早饭后，我匆匆来到刘全召老人家里。他今年76 岁，是本村"土改"时的积极分子，一见到我就高兴地说："饮水不忘挖井人，翻身不忘共产党。欢迎你回家乡了解纪念碑的事，很久没有人来问起我这些事了。"接着他说："纪念碑下安葬的是本地解放时牺牲的七位解放军指战员。他们大部分是北方人，其中一个是连长，只知道姓张，也是北方人。因我家当时是战地医院，他负伤被抬下后，在我家住过。他被抬来我家时，只见他额头和鼻子都被炸伤，皮肉牵挂在脸上，血糊糊的，样子很凄惨。其他六位连姓都不知道，都是无名烈士。那是 1949 年 8 月 10 日，农历是 7 月 16 日，整天的大暴雨。解放军从我们村一带向县城进军，在离我们这里不远处的网岭六十分那个峡谷地段，遭遇了向西南逃窜的国民党白崇禧部队的埋伏，开枪开炮地打起来了。解放军全体指战员英勇顽强战斗，一再向敌人发起反击，从早晨打到天黑，最后终于夺下高地，击溃了敌人，粉碎了敌人夹击阻挠解放军向南挺进的企图。这就是我们县解放时著名的六十分战斗。这七名烈士就是那个战场上抬下来的伤亡人员。那个张连长在我们家抢救时，我给他倒过开水喝。他气息奄奄，断断续续地对我说：'我的任务没完成好。你们很年轻，全国就要解放了，今后会有好处，会有幸福生活过。要好好工作，跟着共产党走。'如今我一回忆起当时的情景心里就难过。当天晚上张连长就去世了，第二天又去世了四位，还有两位在战场上就已牺牲，都埋在我家附近。8 月 14 日解放军胜利占领县城，从此我们攸县人民翻身得解放。当年我们村和丹陵桥一带是解放军的驻地。那时解放军向县城进军的情景，我也还清楚记得。他们纪律严明，艰苦朴素，不进老百姓房屋住，就在屋檐下歇息过夜，不拿群众一针一线，那种精神和作风没有人不感动的。"接着他又说："1971 年修建醴茶铁路时，把这七位烈士的遗骨移葬到了醴茶铁路东边的山坡，并建造了烈士纪念碑。从那时起，大队部，现在叫村委会，要我负责做烈士碑的向导、烈士事迹宣讲员。村小学和县二中经常请我去学校忆苦思甜，宣讲烈士事迹。各个学校也经常组织学生到烈士碑前举行悼念活动。"听到这里，我问他："据说你作报告时有个资料本子，现在还有吗？"他不无遗憾地说："我是个大老粗，不识几个字，本子上的资料是别人整理抄写的。这些年来，没有什么人要我宣讲烈士事迹，搬来搬去的，那个本子就不知道哪里去了。其他情况我也不晓得了。"从刘全召老人家里走出来，我想到那位张连长，心中一阵惆怅，突然萌发了要写一点文字的想法。但究竟要抒发一点什么感触，一时也没有确定下来。

8 月 5 日我持长沙市教委的介绍信，专程到攸县党史办查阅了有关资料，了解到那一年在六十分那个难忘的地方，与国民党白崇禧部队殊死战斗，气吞山河的解放军部队是四十六军 136 师 407 团，该团有 60 多名指战员为攸县的解放献出了宝贵的生命，其中党员 17 名，连长 2 名，班长 14 名，副班长 6 名，战士 38 名，在他们牺牲地网岭还有一座六十分战斗烈士纪念碑。另外，在攸县党史办我还看到中国人民解放军 54584 部队政治处 1983 年 7 月 26 日给县文化局的复信，在该信件提供的六十分战斗烈士名单中，我看到确实有一位姓张的连长，他叫张旭臣，吉林化甸人，牺牲时年龄不详。从故乡回来后，除对烈士的怀念之外，我一直在想，神圣贬值的现象是不是我的故乡才有呢？进而我觉得这些天以来，我要抒发的感触是：莫让精神财富流失！愿故乡和其他地方这类革命纪念碑，在孩子们心目中永放光彩，使他们无论什么时候，无论在什么地方，都能感受到有一股推动力，"向前，向前，向前"！

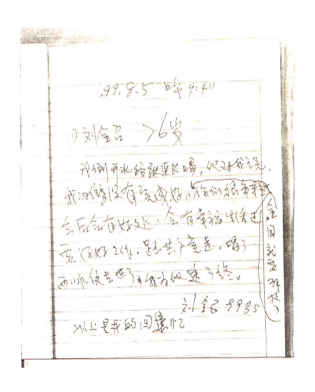

湖南省长沙市教育委员会

介绍信

似县民政局、档案局、党史办：

　　兹有我市校长邹克斯同志，（系中共正式党员）前来了解学习解放前夕于贵县皇图岭集笔墙封锁地的解放军战士的英勇事迹。请予接洽支持为感。

　　　　　　　　长沙市教委宣传统战科
　　　　　　　　一九九九年八月三日

地址：长沙市伍家井38号　　　　　　RA 1.038—97.10

【莫让精神财富流失】本文摘录载于湖南期刊《老年人》1999 年第 11 期（总第 156 期）。

学书体会两则

2012 年 1 月 31 日于星城金汇园

　　我幼小时根本没条件也没心思学习写毛笔字，退休前基本没用毛笔写过字，对书法可谓一窍不通！退休后有了一些闲暇，开始练练书法，逐渐有了一些体会。无非是两点，一是要苦练书法童子功，二是要苦练书法台阶功。今尝试将这两点体会详尽写出来，以与书友们共勉："世上无难事，只要肯登攀！"

一、书法的童子功

　　要写得一手漂亮的毛笔字，必须有扎实的童子功。什么叫童子功？童子，即男孩子，泛指儿童；功的解释之一是"技术和技术修养"。"童子功"是指在任何具有技术要求的行业中，从小就要练就的技术和修养。也就是某种技艺最基本的功夫，从小孩子起就要苦练的功夫。那么书法的童子功包含哪些内容呢？我以为大概包括以下四个方面内容：

（一）执笔功

几种不同执笔法的习练；坐姿，站姿；重点习练悬腕、悬肘的功夫。

但也不要把执笔看得太刻板。各人要根据自己的感受去领悟执笔法则。大书法家启功说："写字只要写出结构，好看就行，笔爱怎么拿就怎么拿，等于吃饭使筷子，能把饭菜夹到嘴里就行，不必规定一套'拿筷子法'。"（见《作家文摘》2011.11.11《启功拒称书法大师》）我的看法是不要执笔法不行，太刻板也不行。

（二）用笔功

必须掌握笔画的起笔，行笔，收笔的要点：

1. 起笔须做到"欲左先右"，"欲下先上"。也可以是"竖画横下"，"横画竖下"。这两种方法本质上没有什么区别，都是坚持笔锋藏在线条里面，这叫"藏头"。

2. 行笔须轻快细。

3. 收笔须做到"无往不收"，"无垂不缩"，使笔锋不外露，把笔锋护藏起来，这叫"护尾"。

4. 要做到中锋行笔。就是要"令笔锋常在点画中行"。

5. 行笔时笔杆要逆向运行。

6. 要把握好"运笔时的呼吸"，即写字时要做到凝神屏气。我的体会是起笔行笔收笔时吸气，再提笔书写时呼气，如太极拳收脚时吸气，出脚时呼气然。

7. 要重点习练用笔时的"提顿"。有人说用笔的关键是"提顿"，还有人说"凡书要笔笔按，笔笔提"（刘熙《艺概》），此乃经典之说。颜真卿所书"乃"字、"四"字就笔笔（每一画）有提顿。在行笔转折时也需有提顿，这时的提顿就叫"垂直用锋"。垂直用锋，就是指随着笔杆的上下升降，笔锋着纸所产生的轻重变化。在笔锋提起的情况下转折，就能妥善地调整笔锋，在向不同方向行笔时保持中锋，如颜真卿所书"乃"字然。如果不经提笔，那么本来的中锋行笔，在转折时就变成了偏锋。

上海画报出版社出版，1997 年 3 月第二次印刷的少年儿童美术技法丛书《书法篆刻》第 11 页说得很清楚："用笔是操纵、控制、使用毛笔写字的方法和意识。元赵孟頫曾说'书法以用笔为上，结字亦须用功，盖结字因时相传，用笔千古不变。'书法对字形结构的要求很高，而用笔更为重要。**初学者笔不听指挥，种种败笔现象归根结底是用笔问题。因此，学书者必须在用笔上下功夫。**"而该书第 19 页特别强调："提与按。提，是把笔锋提起或提离纸面。按，是把笔锋按下去。行笔时往往提按交替变换迅速。**提与按是用笔最根本的技巧，其他一些技巧无非都是提与按的演变**

和派生。古人曾说'凡书要笔笔按，笔笔提'，'发笔处便要提得起笔不使其自偃'，'作出时须提得起笔'，'提得起笔，则一转一束处皆有主宰'，这些都说明了提与按的重要性，**特别是'提'，往往难以到位，全凭悉心体察。**"

需要着重说明的是，上面说了这么多关于"用笔"的问题，其实用笔就是关于"字的笔画姿态"问题（光盘《启功给你讲书法》语），也是关于书写者形成字的笔画姿态的方法问题。

（三）结字功

何为结字？结字是指字的结体，字的结构，形态特点，也就是"字的笔画位置问题，字的笔画在字内搭建的距离和角度问题"（光盘《启功给你讲书法》语）。于荣魁先生在《集王羲之书唐诗百首》后以《圣教序》为例，评析其结字有以下特点（见该帖第142—145页）。

1. 字形多样。

有方形，如"显""镇"；扁形，如"仙""而"；长方形，如"苞""灵"；圆形，如"满""分"；三角形，如"六""志"；大形而笔画较轻，如"鹜""瞻""露"；小形而笔画较重，如"之""立""土"。

2. 匀称平正。

《圣教序》是集字，楷行草间杂，但都带有行意。行楷字，如"圣""春"等，都匀称平稳，在平中见生气。行草字，如"当""故""波"，等，字字神采飞动，在飞动中寓平正。其他行书字，如"乘""华"等，有中轴线相穿的，左右匀称，中心安稳。"夏""登"，等字，无明显中轴线相穿，但左右笔画安置的份量相近，也正中安稳。"崇"字中轴线不是一贯到底，上竖和下竖都是斜的，但上竖起笔，下竖钩的根部，与中间的点，横都在一条垂线上，保持中正平稳。"常"字的中轴线错位，造成险势，是险而平稳。

3. 开合疏密。

《圣教序》的结字巧妙地运用行书可塑性特点，破坏了字的原有结构字形，使字在平正中又有开合疏密的变化。左右结构的字多作开合处理。"说"字左右不平行，是上开下合。"朝"字是上合下开。"谢"三部紧靠在一起是合。"形"字两部中间空白大是开。合不显得拥挤，开使得字势空灵疏朗，形离意不散。上下结构的字，上下部分有疏密的变化，如"众"字上密下疏，上小下大；"业"字上疏下密，上大下小。通过开合的变化，疏密的映衬，使得字势活泼，生动脱俗。

4. 欹（攲）正相应。

合体字是由两个以上部件组成，其中有的部件是歪的。有的部件是正的，合起来又都很端正。"智""奘""蜜"等字，上部都斜，"日""大""虫"是正的，合在一起字势重心平稳端正，欹正相应。"盖""能""体"三字各部分都不甚平稳，合起来平稳端庄，这全靠部件的巧妙组合。

5. 迎让错落。

行书迎让错落比楷书更为明显，《圣教序》也有这个特点。"源"字是左让右，把左旁缩小，提到长撇之上，字形结构紧密。"敛"是左迎右，左大右小，左重右轻，结字不滞。"香"字下让上，"是"字上让下，这是信手挥洒所致，出现意外的艺术效果。"愚"字字底向左错，"接"字右部上提左部下落，这是错落有致，字不平板。

6. 阴阳相生。

东汉书法家蔡邕说过，书法的产生取法于自然万物。自然万物千变万化，有阴有阳，阴阳相生。什么是字的阴与阳呢？长、粗、重、刚、放、直、方都属于阳，短、细、轻、柔、缩、曲、圆都属于阴。看"武""拯""历""诚""观""文"等字都有阴阳的变化。"武"字的戈钩长，横缩短。"拯"字左重右轻。"历"字撇曲竖直，"诚"字左缩右放。"观"字左上笔柔润，左下笔刚直。"文"字上部笔画方直下部笔画圆曲。阴阳搭配，产生字势的丰富变化。阴阳相生的特点，在《圣教序》体现得非常充分。

7. 变化通灵。

这里的变化通灵是指有些字部首相同，而各个字的这个部首写法不同。如"华""茂""花"等字，草字头的不同写法。"道""远""通"等走之的写法也均不雷同。"之""无""不""水"等字在《圣教序》中出现过多次，却姿态各异，变化多样，反映出王羲之在结字上的艺术才能。

总之，《圣教序》的结字特点是平正中出新奇，新奇中寓平正，以欹反正，阴阳相生。这里体现出对立统一的书法美学规律。学者应灵活应用这一规律，对用笔结字的各种对立因素辩证地艺术协调，以创作出形式、神韵兼备的书法作品来。

临摹字帖要读帖。读帖要重点掌握字的结体，掌握字的各种形态特点即结字特点，其次是其章法特点。有些字不止一种形态特点，而是具有多种形态特点，因而更具艺术性欣赏性。这种帖的字更要认真读，认真看。启功先生认为书法"所谓形似，神似之别在于字的结构。结构精神，就是神似。其次，才是用笔的肥瘦方圆。写字时，心中先要有这个字的骨架，即所谓'胸有成竹'，写起来笔下就有了底了"。根据这些体会，他"大胆地修正了宋元书法家赵孟頫'书法以用笔为先'的理论，选择了一条先有结构，后有笔法，'书法以结字为先'的道路"，而逐渐成为现代书法大师（见《作家文摘》2011.11.11 第六版《启功拒称书法大师》）。所以我们下笔时不仅要心中有字的笔画姿势形态、笔序，更要有字的形态特点，对字的"结体"要"胸有成竹"，这样字才会临写得像，临写得"神似"。"写字要注意字的结构，结字特点"，这个道理记得我的老同事和好朋友、醴陵六中的邹宜人老师也直率地给我指出过。可惜因为我一直工作压力太大，虽得到他的高明指点，但那以后我并没能好好练过书法，也没有现在领会得这么深切。

前面说到启功老先生说"书法以结字为先"，我认为那是说练字和日常写字时的要求，不是说创作书法作品时的要求。正式创作书法作品时，还是必须特别讲究笔画精美。只有笔画精美的书法作品，才会"神似"，才会有深深的艺术感染力，笔画越精美的书法作品越高超。书法作品的形似、神似之别应该还是在笔画。练字阶段必须着力练结字功，进入习练书法创作阶段，必须特别着力练用笔功、章法功和字幅功。否则，你对字的结字，对字的章法，对通篇整幅字的章法纵使"胸有成竹"，又怎么能像启功先生说的那样，写得"神似"呢？所以我要说，只有练好了用笔功，特别是提与按的用笔功，创作起书法作品来，才会有能力达到字的"神似"。从这个意义上来说，还是"书法以用笔为先"，这是我自己在书法习练中的一点切实体会。

（四）字幅功

浙江少年儿童出版社出版，2001 年 4 月第 8 次印刷的《书法起步》第 39 页说："章法就是'字里行间'的布局方法。章法有大小之分，小章法是指一个字的结构布局"，"大章法指通篇整篇的布局"。我以为大章法可以叫作字幅功。"它是由用笔，结字，行气组成。就是要把用笔的刚柔曲直，方圆藏露，结字的敧（同"攲"qi）正疏密，参差虚实，行气的顾盼呼应，跌宕变化，白与黑，点与面巧妙结合起来，使其成为完美和谐的整体"（见文物出版社 2004 年第一版于魁荣集字《集王羲之之书唐诗百首》第 152 页）。著名书法家启功先生为了获得好的章法布白，写字前竟有在纸上"打格"一举，按照"格子"的大小、疏密、敧正、空缺来书写文字，创作书法作品（参见《作家文摘》2011 年 11 月 4 日第 6 版《启功的处事风格》），值得敬仰，值得效仿。

章法布白有三种形式：

1. 纵有行，横有列。一般用于行楷的字体，如赵孟頫的《感兴诗》。布局虽成行成列，其中也有长短、大小、敧正的变化。

2. 纵有行，横无列。写行书作品多用这种形式。王羲之《兰亭序》的布白就是最经典的纵有行，横无列。该作品气势连贯，变化多端，疏密有致，跌宕起伏，和谐统一。明代书法家董其昌认为："右军《兰亭序》章法古今第一，其字皆映带而生，或大或小随手所如，皆入法则，所以神品也。"

3. 纵无行，横无列。这种布白打破了纵横界格的束缚，胸有全纸，目无全字，纵横驰骋。如颜真卿的行书《祭侄文稿》，毛泽东的草书《七律长征》。

以上这些书法童子功一般是逐项练，分段练。当然间断性地交叉练也是可行的。虽说是"童子"功，上了岁数补补课，坚持练一练，也是应该的。要经常练、时时练，要练好、练精。这样练字才能出水平，出成效，才能得法，写出来的字才会好看。

二、书法的台阶功

书法的童子功练到一定程度，就应该力求进入新的境界，争取上台阶，苦练台阶功。那么书法的台阶功有哪些呢？我以为要在以下几方面继续苦练：

（一）巧妙执笔

执笔传统的说法是要求"指实掌虚"。具体方法是"手指执笔有力，不可过紧。笔杆与手掌之间要留有鸡蛋大小的空间，这样才能运笔灵活。笔杆要垂直于纸面，但在运笔过程中笔杆须倾斜"（参见中国书店 1998 年 9 月第 1 版第 1 次印刷、李里编写的《圣教序临写与创作》第 1 页 "执笔方法"）。我感觉运笔时"笔杆倾斜"即"笔杆逆行"很难掌握，而如果执笔"指实掌虚"就容易"笔杆倾斜"或笔杆逆行，那就必须苦练这个功夫。启功大师说过："写字只要写出结构，好看就行，笔爱怎么拿就怎么拿，等于吃饭使筷子，能把饭菜夹到嘴里就行，不必规定一套'拿筷子法'。"其实启功大师在这里是强调执笔要"灵活"，不要太刻板死硬，并不是说不要讲究执笔法。我在互联网上细心看过《启功书法讲座》中启功现场挥毫的视频，他执笔的方法就很符合"指实掌虚"的要求，挥洒轻灵自如，提顿转折有度。不按规定方法拿筷子夹菜，肯定夹不准确，夹得不利落，不舒心，也没有吃相。同样，不按规定执笔，字肯定写得僵硬、呆板，难成书法艺术。关键是执笔运行时要灵活，要得法。这样写出来的字才会好看，才会漂亮，才会有艺术感。

（二）巧妙用笔

用笔是指字的笔画姿态，是关于书写者形成字的姿态的方法问题，领悟这一点很重要。

巧妙用笔要多读帖临帖。而读帖时，要"一笔一画地琢磨，如何转变，如何点撇"，然后再苦练用笔（录自《作家文摘》2011年11月11日《启功拒称书法大师》）。我觉得关于"如何转变"更难体会和操作，因而更重要。每种笔画的具体行笔方法有如下一首口诀可实行（参见中国书店1994年12月第一版，2006年7月第9次印刷，黄洋考证补正之《王羲之圣教序〈无缺字放大本〉》扉页）：

点中周旋运笔锋，欲右先左横无平。

欲下先上竖无直，悬针垂露两分明。

撇勿过弯如劲啄，一波三折捺始成。

钩挑顿处忽迅出，心手相应百日功。

（三）巧妙临摹碑帖

字的重心最重要，字的重心决定结字的特点。临摹碑帖时，要着力找出字的重心在哪，结字的规律是什么，即结字的特点是什么。一般来说汉字结字的规律是"先紧后松，左紧后松，内紧外松"。不同的碑帖有不同的结字特点。王羲之《圣教序》结字的特点在上面说的书法子功中提到有七项，颜真卿《勤礼碑》的结字则另有其特点。

另外，临摹字帖时还要细心揣摩各种碑帖用笔的特点。如《圣教序》用笔的特点是：

1. 露锋起笔为主，藏露结合。

2. 圆转为主，方圆结合。

3. 游丝牵连，勾挑映带。

4. 枯润结合，巧用飞白（参见中国书店1998年9月第1版第1次印刷、李里编写的《圣教序临写与创作》第2页"《圣教序》的用笔特点"）。

其他字帖也各有其用笔特点。通过细心揣摩临摹就能找出各种碑帖结字和用笔的特点。"海纳百川，博采众长"，这样就能逐步进入书法的艺术境界。

（四）医治"肌肤之病"

这个问题在2008年12月24日《书法导报》第19版马有彬撰写的《我的批阅感言》中有很好的阐述，他说："写字如人，不仅要有形有神……还要讲究'肌肤之丽'……或笔滞墨渗，满纸狼藉；或干瘪生涩，一副病态；或轻薄漂浮，墨色暗淡，如此等等，都是肌肤之病。治疗此疫，办法有三：中锋用笔，万毫齐力；快慢得宜，不激不厉；水墨调和，浓淡适中。"

以上提到了用笔、用墨、用水问题和万毫齐力、快慢得宜，不激不厉等问题。我觉得其中"不激不厉"尤为重要。只有养成了"不激不厉"的性情，用笔、用墨、用水才会到位，才会适中。过去有人说习练书法能修身养性，能使人淡定从容或"不激不厉"，我说首先还得自己从主观上努力修身养性，克服浮躁之气，做到淡定从容或"不激不厉"，然后才会有书法的"肌肤之丽"。这是治疗书法"肌肤之病"的关键。这种认识不将"书法童子功"练到一定程度是感悟不到的。所以我说这是习练书法上台阶的关键，习练书法入境界的诀窍。还有，我觉得这里所说的书法要有"肌肤之丽"，有强调书法创作要特别讲究笔画精美的意思。我在上面写的书法童子功中提到启功先生说："其实用笔，也是关于书写者形成字的笔画姿态的方法问题。""启功老先生还说"书法以结字为先"，我认为那是说练字和日常写字时的要求，不是说创作书法作品时的要求。正式创作书法作品时，还是必须特别讲究笔画精美。只有笔画精美的书法作品，才会"神似"，才会有深深的艺术感染力，笔画越精美的书法作品越高超。书法作品的形似、神似之别应该还是在于笔画。练字阶段必须着力练结字功，进入习练书法创作阶段，必须特别着力练用笔功、章法功和字幅功，从这个意义上来说，还是"书法以用笔为先"，我的这些说法就是在强调书法创作要特别讲究笔画的精美。

（五）以量的积累求质的突变

要深深领悟以下几点：

1. 要保证临帖的数量。遍临百家才能自成一家。

看得多了，写得多了，眼界自然就高，否则，见识短浅，孤陋寡闻，笔法自然单调。

2. 要写出高质量的的线条，就要坚持读帖，善于分析；仔细临摹，务求精准；记忆字形，入心入脑。有位书法家说得好："记忆帖上范字，是学书者必备功夫。心中没有字，书写时必然任笔为体，聚墨成形，出笔俗字，便不是书。"

3. 有的老同志写的并不算少，然质量不高，进步不大，至今仍离帖甚远，何哉？非量不够也，乃心神不到，察之不精，记之不强，心中无字之故也。

（六）提升文化素养，从"文化书法"走向"书法文化"。

首先要明确写字匠不是书法家。书法是中国文化的核心或根基。"文化书法"可以说是字写得漂亮或擅长写字的写字匠，而"书法文化"可以说是能借用书写的技艺来表述人的气质、素养、情趣的才能。书法家可以是写字匠，但光是写字匠绝不会是书法家。我以为从"文化书法"走向"书法文化"，就是从写字匠走向书法家。2004 年 12 月 17 日下午 6:40 左右央视专栏报道了东方之子书法家欧阳中石的事迹。欧阳中石说：习书法要有深厚的文化底蕴，否则就只是一个写字匠。如一个房屋内有石、竹和莲之装饰，受邀题匾额，就宜采用以横幅形式写上一句"石竹莲节高不染"。总不能题一句"春眠不知晓"之类。

　　我觉得此处题"节高不染"就是"书法文化"，题字的人是个入门的书法家了，而如果题'春眠不知晓'之类，就只是"文化书法"，题字的人只是个写字匠。所以学书法要想上台阶，要想成为书法家，就要有修养，要努力从"文化书法"走向"书法文化"的境界。

略说对偶与对联

2017 年 9 月 3 日于星城金汇园

　　在社会生活中，人们尤其是名人学士，往往难免应邀题词或写对联。可有的人题的词明明只是对偶句，甚至只是两句普通的文句或广告语，却把它叫作对联，还有的人写的对联明明只是一般的两句诗或对偶句，也硬把它叫作对联。为了避免这种错误，我们有必要弄清楚什么叫对偶句，什么叫对联，以及对偶句与对联的关系。

　　简言之，对联必须有对偶句，但只有对偶句不一定是对联。那么什么叫对偶句呢？对偶句就是把意思相近或相反或相关联，字数相同的词语排列在一起的两个句子。它的出现比格律诗词早得多，在古体诗和古代散文里就有了。它是一种修辞方式，它可以使句式具有工整美，节奏鲜明，音调和谐，便于记忆和传诵。对偶句用在诗词中，就叫"对仗"，上句叫出句，下句叫对句，源于古代的仪仗队是两两相对的。如下面三例都是对偶句：

　　　　满招损，谦受益。
　　（意义相反，互相映照。《尚书·大禹谟》）

野火烧不尽，春风吹又生。

（意义相承，表示连贯、递进、因果等关系。白居易《赋得古原草送别》）

水光潋滟晴方好，山色空濛雨亦奇。

（意义相近，互为补充。苏轼《饮湖上初晴后雨》）

而像下面这样的句子，虽然形式上是成对的，但意思（词语）并不相近或相反或相关联，只是普通的两句话，广告语，宣传语或标语：

花草多可爱，请你别伤害。

小心毒蛇出没，注意自身安全。

呵护我们的环境，与万物共享尊荣。

那么，什么叫对联呢？简单说地说，对联是从律诗演化出来的，最原始的对联就是律诗中的对仗，也是上句叫出句，下句叫对句。中国语言学宗师王力先生说，它有两条最重要的规则：一是出句和对句的平仄是对立的；二是出句的字和对句的字不能重复（至少是同一位置上不能重复。例如"昔我往今，杨柳依依；今我来思，雨雪霏霏"，出句与对句第二字都是"我"字，那就是同一位置上的重复）。中国广播电视剧出版社 1992 年 5 月第一版《当代对联艺术家辞典》周祖谟的《序》于对联也有很好的阐述，他说："对联是中国传统文化中一种特殊的文字形式，用律诗的格律写出一副上下相对而且意思相连属的文辞，以表达作者的思想和情致，通称为对联。远自宋代即不乏作者，到明清两代已臻极盛。开始可能是写好了悬挂在书屋或客厅，以格言诗句为多；后来也就施之于寺宇楼台名胜建筑的两楹，所以也称为楹联，或称楹帖。""对联的上下两联对仗要工整，意思要相应，音调的平仄和词性的虚实也要相对。类似律诗的颔联、颈联，……，上下两联的字数不拘，……，通常以七字句居多。至于句法，（一联之中）可以是一句成文，也可以是数句成文，而上联末一字必当是仄声，下联末一字必当是平声。如有不同，只能视为变格。"

下面几例都是很标准的对联：

【唐】李白《渡荆门送别》

　　上联：山随平野尽，

　　下联：江入大荒流。

【宋】苏轼

　　上联：发奋识全天下字。

　　下联：立志读遍世间书。

【明】解缙

　　上联：墙上芦苇，头重脚轻根底浅；

　　下联：山间竹笋，嘴尖皮厚腹中空。

【明】顾宪成

　上联：风声、雨声、读书声，声声入耳。

　下联：家事、国事、天下事，事事关心。

而像下面几例就非标准的对联：

鸟在笼中，恨关羽不能张飞，
仄仄平平，仄平仄仄平平平

人活世上，要八戒更需悟空。
平平仄仄，仄平仄仄平仄平

这副对联的发布者说这是"一幅绝妙对联，解尽人生意趣"：上联写的是"人生状态"，"深含着人生道理"；下联讲的是"为人处世的方法"，说人生在世"就是个修行的过程"。解释没有错，但严格说起来这不是标准对联。因为不合于律诗对仗的标准，其中"飞，活，戒，更，需"几个字拗，而且上联最末一个字是平声，只能说这是一副变格的对联。

欣逢严慈皆花甲，聊将薄酒谢宾情。
平平平平平平仄，平平仄仄仄平平。

壶中日月庆双辉，堂上椿萱欣并茂。
平平仄仄仄平平，仄仄平平平仄仄

椿萱：为父母的代称

上面是一家农户为自己父母60寿庆悬挂的两副门联。第一副对联不是律句，不合律诗对仗标准，所以应该说不是标准的对联，只是很普通的两句话语。第二副对联也不是标准的对联，因为它虽然是律句，但上联最末一个字是平声，而下联最末一个字是仄声，而且"双辉"与"并茂"对仗不工整。

综上所论，对偶句的出现比格律诗词早得多，它用在诗词中叫对仗，而对联是从唐代时期的律诗演化出来的，它有两条很严格的规则，在律诗中它也叫对仗，但对偶句不一定是律诗中的对仗，也就是说对偶句不一定是对联！搞清楚了对偶句与对联的这些区别，就不会发生只是两句普通的文句或广告语，却把它叫作对偶句或对联，或者明明只是一般的两句诗或对偶句，却硬把它叫作对联的情况了。

翁佑龙《心路》序言

在少林寺

　　人人都是一本书，人人都可以写成一本书。翁佑龙先生是我四十多年前在醴陵六中的学生，他就是一本精彩的书！阅看他这本汇编，就像当年批阅他的作文一样，无限欣慰。我相信大家阅看了翁佑龙汇编的这本书后，一定会像我一样，有这样一些感受。

他是个很有品位、很低调的人。

翁佑龙同学从中学时代起就喜欢文学，爱看书。特别令人赞叹的是，他的字写得非常漂亮，他喜爱书法，擅长毛笔字，这在当年那代青少年中，确实是凤毛麟角！所以当时很多老师常常托请他誊写学生手册中的评语，学校有关部门也常常托请他用毛笔书写大幅通知之类。但他每次完成任务后，只是抬起头真诚地微微笑一笑就走开了，从未希求谢意和赞赏。我们看他这本汇编的书法篇，魏隶楷行草具体精彩，魏书厚实古朴；隶书庄重清秀；楷书端庄秀丽；行书萦绕牵连；草书时而龙飞凤舞，时而行云流水，时而狂风暴雨，洋洋洒洒。而诗文篇，古体诗、近体诗、现代诗、散文，样样涉猎。可他并未希求发表，只是颐养性情，抒发心声，喜爱多而很低调。

他是个重情感、爱交往的人

1974 年，翁佑龙同学从醴陵六中高中毕业后，我有 40 年没见过他了。2014 年上半年，有一次我在网上发现他在新浪网页上发布消息寻找高中老师，把当年学校德高望重的老党员曾卓湘同志列为第一名，我列在第二名，这说明他对我印象很深，很重感情，我很感动。在他们那一届高中毕业班中，他是与同学交往最广泛，联系最频繁的一个。你看诗文篇，有现代诗《映山红的记忆》对邹新华同学的悼念，有散文《悼光明》对同班同学李光明的怀念，都感人至深！在图片篇，我们看到他把杨秋生、姚德文、黄树科等同窗开心精彩的照片仔细地保存着，这表明他对同学们的感情多么深切！正因为他能这样重感情、爱交往，所以他在人生的道路上常常能得到朋友们的扶持，汲取他们的正能量，不畏艰险地奋进！

他是个耐磨炼、爱求索的人

翁佑龙同学出生在醴陵市大障区偏远的弹子坑一个穷困的山村，幼时母亲去世，单身的父亲把他抚养长大，从小受尽了磨难。1976 年 10 月他执意报名参军获准时，他的父亲心疼得在地上不停地打滚大哭。一年之后，他的父亲在故乡孤零零地去世了。这是他心中的剧痛，诗文篇有现代诗《我的父亲》对他父亲的悼念。在部队他做战士，做文书，做随军子校的老师，转业后在公司有关单位当书记，做文秘。他的文凭并不高深，可以说完全是部队这个大熔炉把他历练成长起来的！值得欣慰的是，我们醴陵六中在那些年代参军入伍的同学，如今多数成了国家的栋梁、各部门的骨干。翁佑龙同学虽然温文尔雅，言语不多，但他爱求索，善学习。在诗文篇，我们看到他的那些"只言片语"，多么富有哲理，全是他平日对人生世道的思索，感悟啊！诗文篇中的《古诗选读》，可以说是他的读书笔记，读书心得。很惭愧，我对这些古诗就未做过这么深刻的探究，可他却孜孜不倦！还有我们看他的图片篇，他游览高山大川、名胜景点时那种凝注的神情，也是思索人生世道的表露啊！部队固然是一座历练人的大熔炉，但如果自己不爱求索，不善于学习，人生也不会有什么成就的。

翁佑龙同学的一生虽然很艰辛，但他深得"做事先做人"之道，路走得很正。在花甲之年即将来临之际，他印制了这本汇编，说主要是留给自己看看。我想他在退休之前搞这么一本汇编，回看一下自己的"心路"或曰"人生轨迹"，是很有意义，很值得庆贺的，更重要的是，可以让他的子孙后代从中汲取在人生道路上奋勇前进的精神力量！他要我为他写篇序言，于是我很愉悦地写了以上这些话语，并有以下小诗为赠：

求索孜孜学海龙，

诗书并茂敢登峰。

心胸高雅浓情义，

后辈传承大有宗。

邹克斯

2017 年 2 月 26 日凌晨书于星城长鑫宅

翁佑龙书法作品:

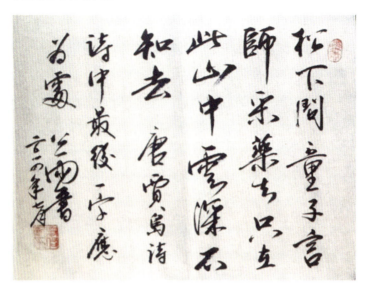

《陈扬早书法汇编》序

2018 年 8 月 9 日于星城金汇园

陈扬早同志是我的挚友，中华人民共和国的同龄人。1968 年高中毕业后，他从父母工作的铁路部门驻地贵州省，下放到老家醴陵板杉区落户，成为一名回乡知识青年。在老家他一人赡养年迈的祖母和照料着几个年幼的弟妹，生活非常艰苦。后来他被保送醴陵师范学校学习，1971年分配在醴陵六中，除承担教学任务外，还担任学校团委书记，与我共事近十年。他善观察，少言语，耿直仗义，实诚厚道，字写得很漂亮，尤擅隶书，在当回乡知青时就受到当地群众和干部的敬重，光荣地加入了中国共产党。1977年他被调回板杉区，先后任中学校长、学区主任兼书记20余年，2009年退休。

陈扬早同志退休后不久心脏病加剧，在省湘雅附二医院做了搭桥手术。我的老同行醴陵一中潘先麓先生说："书法是长寿气功啊，值得坚持。"陈扬早同志回到醴陵继续住院治疗时，有医生启发他说："你如果对书法有爱好，可练练书法，这对治疗你的疾病和养生保健都有好处！"医生的话正好迎合了他的情趣，于是他开始坚持练习书法创作，闻鸡起舞，每天清晨一幅作品，寒暑秋冬，行走东南西北，从不间断！作品内容多是名人格言警句或诗词楹联，可亲可敬的教育者风范。不幸的是，不久他的夫人患上肾衰竭尿毒症，逐渐严重到每周三次血透析。他次次护送陪伴夫人在医院做血透析，但他从未间断每日清晨的书法创作练习，至今已累积一大摞书法作品！

我曾对陈扬早同志说："你每天清晨书写的字幅，都是金玉良言，精神财富，建议你将它们汇集成册，出版发行，以砥砺后人！""你如若忙不过来，我可以帮你汇编。"他在微信心酸地回复我说："您好！您过奖了，我哪有这能耐呀！只是每天起得早，有点时间就写几个字打发一下。白天除护送陪伴老伴去医院做血透，还要料理一大堆家务事，就无奈了。我现在的情况您是知道的，既无时间，更无心情了。谢谢您的好意。"

而今的陈扬早同志，当年的青春小伙，已是耄耋老人。

在众人的期盼中，他习练的书法创作终将汇编印制了。常言道："书如其人。"我观赏抚摸着这本汇编稿，感慨万千。我赞赏敬重的不仅仅是陈扬早同志独具风格的字体，更是他的人品！陈扬早同志是一个对家庭、对夫人、对后代极有情感的人，是一个极有担当的人，是一个极顽强极有坚韧性的人！试想想，他自己患着严重的心脏病，假若没有极大的担当，没有深厚的情感，没有顽强的意志，能每周三四次护送陪伴夫人到医院做血透，能每天清晨笔耕不辍，书法创作能越来越精彩吗？这本《书法汇编》分明就是他高贵人格和顽强意志的写照嘛！所以我觉得无论如何也得为他这本《书法汇编》写篇序言，并献上我 2017 年 6 月 1 日拟就的一首七律《咏老同事陈扬早晨练书法》：

闻鸡起舞挥毫志，

创立陈翁书法风。

寒暑春秋情趣好，

东西南北兴头隆。

常年沉痼勤耕作,

永世童心绘彩虹。

长寿气功谁首冠,

请看扬早练书功。

成长与阅读

2015 年 2 月 26 日于星城侯家塘

![报纸剪报：一个农家子弟的书香梦]

　　去年 11 月初看了《作家文摘》第 1780 期（2014年 10 月 31 日）第三版著名作家二月河先生的文章《俭以养德　廉以修身——读"反腐倡廉三部曲"有感》，很惊喜地知道这三部曲的作者就是在中纪委工作的学生贺清龙。我很快和他通了电话了解情况，向他祝贺，没过几天他将这三部曲寄了一套给我。看了这三部曲，二月河先生对这三部曲的评论，引起我许多回忆和感慨。

　　贺清龙家乡在株洲市醴陵大障江边铺。1970 年上学期，我刚调到醴陵六中，他刚进初中，编在初 25 班，

· 106 ·

我是他班主任。当时初中和高中都是两年制，而且都是春季招生，在醴陵六中他一直读到高中毕业。该校地处偏远山区，是革命老区。他家兄弟姐妹多，家里很穷困，每个学期都给他评定发放助学金。家访时，我见过他的父亲。卷着裤腿，打着赤脚，脚上沾满泥土，壮年汉子，一个典型的中国南方农民的形象。他是长子，很懂事，体恤父母，生活节俭朴素，吃苦耐劳，放学之后常上山砍柴到邻近的攸县集市去卖钱，或下田劳动。印象中他从未把聪明才智用在那些花里胡哨的事情上，而是很务实，爱看书，很有远见，不像多数学习好的同学，爱嬉笑玩耍。他顾不了那么多，小小年纪就承担了养家糊口的责任，一有空闲时间就得去赚钱，挣工分。但为了搞文艺宣传，指定他担任班上的主角和一些女同学排练文艺节目，他笑眯眯地并不拒绝。我喜欢他的也就是这些。最近，他在电话中对我回忆起一件事：有一次天气特别好，便于出行，他写了一首诗托同学贺特平给我当作假条，说要去邻近的攸县丫江桥集市出售姐姐编制的草席。我在班上念了这首诗，称赞他的诗写得好，准了他一天假。结果那天他一床草席都没卖掉，也没吃东西，返回到攸县大桥边的一个村路口，向一户人家要水喝，那个人家的一个女孩感觉到他没吃饭，立马盛了一碗饭给他吃……这种事情如今听他回叙，我仍感到无限的怜爱和心酸。

当时学校德高望重的老党员曾卓湘同志任清龙同

学班的政治课老师，发现他思维很活跃，课堂上勇于
发言，善于发表总结归纳性的意见和个人独特的见解，
觉得他是个好苗子，嘱咐我要好好培育他。学校恢复
学生团组织时，我做了他的入团介绍人，他成了该校
第一批团员，后来他也就成了班上的团支部书记。

　　清龙同学进入初二时，我转教高中，没当他班主
任了。他高中毕业后在家务农一年多，1974 年下学期
被批准入伍。临行前他穿着一身崭新的军装来向我辞
别，羞涩地向我敬了个标准的军礼，我当时一阵惊喜
和依恋，心里说：雏鹰就要展翅飞翔了！我当他班主
任时还年轻，初出茅庐，经验不足，身体也很差，患
有严重的胃溃疡，和他们这些学生在一起完全是"教
学相长"，对他说不上有什么特别关心，可他一直没
忘却我。1999 年他从部队转业到中纪委监察部，2002
年国庆节期间特地到长沙来探望我，讲了他从军服役
的一些情况。这使我很感动，很难忘。从那以后我与
他失去联系，十多年没见过他了。没想到在中纪委这
十多年繁忙的工作之余，他写出了三部这么有分量的
著作。据他透露他还有两部书即将出版，一部书被国
家出版署改定题为《中国监察通鉴》，获国家出版署
300 万元出版基金资助费，对先秦至明清，历朝历代
惩治腐败的状态、体制机制、运行效果以及对现实的
启示，等等，都有论述，每朝十章，约 350 万字 11 册，
将由人民出版社出版。第二部书《中国著名御史》约
210 万字，已与商务印书馆签约。他还透露，在中纪

委繁忙的这些年积累了不少反腐素材和体会，准备退休后写这方面的长篇小说。我相信在这方面他也必定能取得丰硕的成果。

清龙同学并非出自书香门第。他的父亲是个典型的南方农民，母亲是个文盲，据说连人民币上的文字都不认识，家庭的历史文化熏陶并不浓厚。中小学的书他念得很辛苦。在部队这个大熔炉里，根据部队的需要，他从做士兵起，先后读过好几个军事院校。在汽车工程学院学过汽车修造专业，在石家庄陆军指挥学院学过军事指挥，在国防大学学过战略战役专业。转业后他在中国社会科学院学过商业经济，在华东师大学了法学专业并获得法学博士学位。但我总觉得他虽然在部队受了很多锻炼，学识很多，与他现在搞的历史专业和廉政文化写作到底一点都不沾边。

最近我曾在电话中询问清龙同学，你是如何从军人、党政工作人员向历史学者、廉政文化写作家角色转换的？他说，老师啊，我就是爱读书，这是我长期学习积累的结果。他告诉我，他当兵时，除了培训、出操、执行任务，他所有的空余时间就是读书，把军营图书室所有的书都读完了，政治、军事、经济，历史、地理、哲学，还有小说、诗歌、传记、回忆录，都读过。有一个时期，他们部队在一个军事要塞完成一个军事项目，他利用空闲时间把当地图书馆的书都读完了。转业到中纪委后，工作之余他的爱好仍然是读书，他是北京两大图书馆的常客。有时为了寻找和抄录一个资料，往往要到这两个图书馆跑几十趟。他说，部队锻炼的党性和时代责任感，促使他从党的十八大以来从战略和全局的观点，从高端的层面认识到当前党中央推进反腐倡廉的重大意义，觉得必须配合党的需要，写一点反腐倡廉的历史读物，于是就把长期积累起来的那些资料编写起来了。我听了他的叙述，又是一阵深深的感动。

2015年1月11日（周日）16：45，中央新闻13频道已对贺清龙《反腐倡廉三部曲》以"三个十大的书"为标题作了报道。"三个十大的书"即《反腐倡廉三部曲》中的《中国历史十大惩腐精英》《中国历史十大清官》《中国历史十大贪官》。关于清龙同学反腐倡廉三部曲的重要意义和所取得的成就，以及他其他著作将能取得的成就，不是我所能阐述得了的。他在历史和廉政文化的建树正勇不可当，我不需要向他多说什么鼓舞鼓励的话了。我要说的是：不错，一个人的成长，取得的成就，离不开环境陶冶，离不开机缘，但唯物辩证法认为外因通过内因起作用。伟大的中国人民解放军确实是一个大学校，是锤炼年轻人的大熔炉，但如果自己不坚持勤奋好学，广泛阅读，长期积累，部队再好，现在的单位再好，社会提供的平台再大再好，不充分发挥自己的内因作用，也不会有什么学识和成就！清龙同学以他长期坚韧的努力，丰富的学识，鲜明的党性，为家乡和母校挣了光，为部队挣了光，为党作了贡献，值得庆贺！去年12月2

日我写了一首七言古绝赠送给他，称赞他是"年少本色勤与俭，青春军旅受磨炼。反腐倡廉多著作，喜爱阅读是关键！"这也是我要对我自己的子孙和现在各级各类学校的同学们所要表达的深刻感慨，希望能对他们的成长有所启迪和鼓舞！

【成长与阅读】《株洲日报》将其标题改为《反腐倡廉以修身——记株洲籍作家贺清龙》，摘录刊登在 2015 年 3 月 6 日 B3 版，《作家文摘》2015.6.16 再摘录转载，标题改为《一个农家子弟的书香梦》。

2019 年 10 月 11 日

抗洪期间的六天六夜

2021 年 2 月 18 日于星城金汇园

抗洪后合影

今年在纪念建党 100 周年的活动中，我时时回忆起 1994 年接受党组织考验的一次经历。那年 6 月中下旬，长沙城北湘江一带遭遇巨大洪灾。当时我正在八中担任校长，大概是 6 月 17 日下午我接市委通知，参加了有关单位领导防汛抗洪紧急动员会。会上市委号召各级共产党员要经受考验，奋勇当先，立足单位和岗位，保护好国家财产和群众安全。回校后我召开会议，成立了学校防汛抗洪指挥组，但并没有想到学校真会遭遇什么灾害。

6 月 20 日，周一，天色阴沉。下午三时多，洪水通过堤岸和下水道侵入我校，很快就要把整个操场淹没了，人员很快就无法从校门口出入了。我有点沉不住气，与党委书记龚继曾同志商量研究后，急忙通过广播宣布全校立即停课放学，洪灾过后再复课，要求所有班主任和在校老师组织学生撤离。我和龚书记共同站在校门口，看着学生从各教学楼一楼走廊出来，沿着操场边沿陆续撤离。初一年级 191 班有一个女生自小患了严重的小儿麻痹症，行走很不方便，每天上学都是她年老的父亲到教室接送。见这个女生没从校门口路过，我急忙跑到三楼她的教室，见她正急得哭，原来那天提早放学，她父亲还没来接。我搀扶着她来到校门口，等她父亲把她接走，并看到全校师生除汽车维修职业班少数学生外都安全撤离了才放心。傍晚操场的水势更汹涌，已快漫到各教学楼的走廊了。我和龚书记将防汛抗洪指挥组的办公场所从东头教学楼的一楼搬到二楼的一间教室。入夜我动员总务主任周荆澜、教务主任兼工会主席龙国铭等同志暂时回家休息等候通知，并从一楼我的午间休息室抱来被子和垫絮，将教室里的课桌拼凑成床，和龚书记同床共寝，坚守岗位。晚上睡觉时，龚书记对我说："老邹，你身体不好，不要脱多了衣服，小心着凉感冒！"龚继曾同志作为党委书记，虽然比我小两三岁，但他对我工作的督导和支持非常有力，不断将党的温暖和力量注入我体内，常使我在艰难奋斗中倍感亲切，大受鼓舞！

第二天，起床一看校园内一片汪洋，洪水不停地冲击着教学楼走廊边沿。那些少数没撤离的汽修班学生，都是外地寄宿学生，昨天下午因交通原因没来得及回家，一早趴在三楼寝室走廊边眼巴巴地望着我，向我招手。我走过去安抚他们不要慌张，说学校会始终关心你们，要听从指挥，不要乱动。当时通信条件不是很发达，我和龚书记都没有BB机，更没有手机，完全靠从校长室迁来的一部座机电话与外界联系。难忘周荆澜、龙国铭同志时常翻过校园围墙，爬上教学楼送来盒饭和饮用水，给汽修班留守学生和我俩"享用"。

第三天，水势没有消退的迹象。我和龚书记除了靠电话与外界保持联系外，坚持在校内巡查。我们最不放心的是教学实验楼的设施和图书馆的图书报纸杂志，担心它们被洪水侵蚀，担心外面的不法分子趁机盗窃，但这两处都被洪水间隔了，我们只好蹚着水或搭木板桥过去巡查，一身总是搞得湿透。

第四天，6月23日，星期四，水势仍然没有消退的迹象。我和龚书记守着电话机心情焦虑。优秀共产党员、体育教研组长何久思翻过校园围墙，爬上二楼陪伴我们，介绍全城各地防汛抗洪情况，给我们增添了不少信心和力量。更感人的是贺球老师的先生得知我们在校园内巡查实验楼和图书馆不方便，给我们捐赠了一条橡皮艇！因为怕洪水侵蚀损坏电路，引发触电伤人，我和龚书记通知学校电工周俭民切断了电源，夜晚校园内一片漆黑，我望着浩浩荡荡的洪水波光，想起了母亲。一般我在星期六下班后直接去看望母亲，她总是事先搬一个小板凳坐在自家门口等着我去。她患重病，神志不清住院回家不久，现在身体恢复得怎么样了？后天又是星期六了，她还能搬一个小板凳在家门口等我吗？我本能地拿起电话与老伴通话，要她代我去看望一下母亲⋯⋯

第五天，校园内的洪水在渐渐消退。下午出国考察才回来的市教委杨道正主任来校登上二楼慰问，并给学校发放了两万元慰问金，有电视记者陪伴报道。夜晚我激动地对龚书记说："龚书记，今天是个特别的日子！"龚书记说："怎么啦？是我们学校得了两万元慰问金吗？"我说："不完全是，主要是正好13年前的昨天我被批准入了党！这一次可算是党对我入党誓言的考验，是这个日子，一直给了我巨大力量！"龚书记也高兴地说："那是。不过今后的考验会更多！"

　　第六天，6月25日，星期六，阳光显现。操场内的洪水基本消退，人员可以从校门口出入了，不少教职员工都进校来看望龚书记和我。周荆澜同志开始组织人员清洗洪水退却后的场所并消毒。六天来我和龚书记没吃过一餐热饭热菜，没喝过一口热水，没安稳地睡过觉，没条件洗一下脸、刷一下牙，在校内巡查时衣裤浸湿了也没条件更换一下，我们并不感到苦和累。下午我突然感到美尼尔氏综合症复发，天旋地转，胃病也复发，疼痛难忍，说话的声音严重嘶哑，我知道再下去几天我也许就倒下去了！但眼前阳光明媚，天气明朗，空气新鲜，我又感到脚下踏实，内心充实了。是党员意识在这次抗洪战斗中给了我勇气和力量，也是党员意识在鼓舞我再接再厉，尽快恢复教学次序，搞好学校工作。

　　6月27日，周一，八中顺利复课，省教委季益贵主任和张伟珏副市长来校巡查和慰问，并召开教职员工大会说了不少嘉勉的话，至此我校防汛抗洪战斗结束。

　　【抗洪期间的六天六夜】系本书诗词篇七律《记1994年6月八中防汛抗洪》的散文版。当年6月长沙电台、长沙有线电视台、《长沙晚报》均对该文内容有报道。

有关附件如下：

当年《长沙晚报》的报道

湖南省教委季益贵主任和长沙市张伟珏副市长来校慰勉

八中部分师生

防汛抗洪过后市教委颁发的奖状 （1994 年）

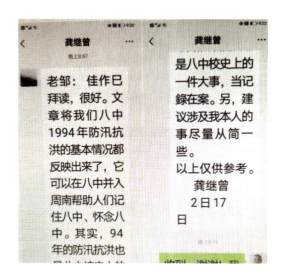

学校党委书记龚继曾的读后感

清水塘的感召

2021 年 2 月 18 日于星城金汇园

今年将迎来建党 100 周年，也正逢我入党 40 周年，在一个阳光明媚欢乐的春日，我在家人陪同下，来到党感召我的地方 —— 红色教育基地长沙清水塘，心潮逐浪高！

6

　　第一次来到这里是 1977 年国庆节，我国正处于改革开放的前期，生机旺盛，党的威望空前提升。1966 年我从湖南师范学院中文系毕业，数年后被再分配回位于革命老区的醴陵六中，与老伴同在该校工作。家庭祥和美好，衣食丰足。长子 6 岁半，次子 4 岁半，聪明可爱，留守在老家长沙，有父母的热心照料，后顾无忧，很利于我倾心工作。那次我从醴陵来长沙探亲，观看了清水塘中共湘区委员会旧址陈列馆。在这里我瞻仰着毛泽东同志和杨开慧同志共同生活战斗的地方，凝视着墙上悬挂的影照，感受到他们在这里发出建党先声，苍茫大地主沉浮，浴血奋斗，峥嵘岁月铸丰碑的事迹，深受教育。想到自己作为革命领导人的家乡人，应该继承革命前辈的崇高精神，不要只追求个人幸福生活，因而产生了加入中国共产党的强烈愿望。休假回到醴陵六中，于 1977 年 10 月 21 日写下七绝《追求》：

吃穿住用党恩深，

孺子营生勿我斟。

在世还需何所求，

党旗引领永忠心。

　　我将这首诗写好后，庄重地将这首诗写进了我的入党申请书呈交给学校党支部了。在我的积极争取下，在党的亲切培养下，经过三年多的考验，1981 年 6 月 23 日我终于在醴陵那个偏远艰苦的山村中学被批准入党。那年 7 月 1 日，我举起右手，面对党旗庄严宣誓，开始了坚持信仰、对党忠诚、积极工作的征程。入党后，我在醴陵六中多次被评为先进工作者，先后出席醴陵市和湘潭地区教育战线先代会。

　　第二次来到清水塘，是 2019 年一个喜人的秋日，我调回长沙 32 年，退休 17 年，已是一个耄耋老人了。这次我在清水塘参观了中共长沙历史馆，重温共产党人百年奋斗开创史。当时党的"不忘初心，牢记使命"的主题教育活动正大力推行，全党的精神面貌更加振奋昂扬，离退休党员也都积极投入到坚持信仰、传承红色、勇于担当的活动中来了。参观后我徜徉在清水塘池水边，盘桓在清水塘柳荫之下，想到自己调回长沙后，先后在三个中学工作，在其中两个中学从事党政领导工作，经历了多种磨炼和考验，也曾获得多种荣誉称号，对党的忠诚从未动摇，紧跟党旗未停步，在职时工作是勤勉的。现在虽然退休多年了，但作为党员不能有精神懈怠，要拿出实际行动来继续为党发挥点作用。于是就在那年 10 月 24 日我写下了七律《离退休党员主题教育活动》：

主题教育党英明，

踊跃参加众老兵。

使命初心长谨记，

担当奋斗永豪拼。

虽然体弱难为事，

依旧心红可发声。

微薄践行同筑梦，

尚存一息表忠诚。

　　而今我第三次来到清水塘，观赏着清水塘粼粼波光，袅袅柳丝，最后停留在毛主席高大的塑像下久久不愿离开。想到 2019 年和 2020 年我先后被评为单位优秀共产党员，被所居住的同升街道办事处评为 2018 至 2019 年度最美志愿者，还被所居住的古樟社区列为 2020 年文明建设先锋人物，深深感到是清水塘的感召，使我"党旗引领永忠心"！想到在建国以来最不平凡的 2020 年，在党中央领导下所取得的不平凡成就，想到我们党 100 年来前赴后继，不懈奋斗，带领中国人民站起来、富起来、强起来，开创中华民族史无前例伟大事业和宏伟盛世的壮举，环顾这春色勃发的情景，看到我的一家人在清水塘这个红色圣地幸福喜悦的神情，感觉到我们党如红日高照，光耀五洲四海，耳畔似乎听到一阵阵"共产党像太阳，照到哪儿哪儿亮"的欢歌声，我心中也如波翻浪涌，不觉吟诵起去年 8 月 14 日写下的一首七绝《日出》：

> 东方日出放光芒，
>
> 田野山河换彩妆。
>
> 众鸟欢歌齐展翅，
>
> 辉煌万物共荣昌。

【清水塘的感召】建党一百周年"学党史，跟党走作品征集"稿。《长沙晚报》"掌上长沙" 2021 年 2 月 23 日刊发，至 2021 年 5 月 15 日观看人数超 18 万，2021 年 6 月 1 日公布被评为"优秀奖"。

附件：《清水塘的感召》获奖证书和奖牌

我的引路人曾卓湘

2021 年 6 月 2 日于星城金汇园

　　1966 年大学毕业后我经历了上山下乡，五七干校等锻炼，1970 年 3 月 8 日，我被再分配到醴陵六中工作。当我提着行李来到梓山坡下这个学校的厅房，一个 50 岁左右，脸色苍黄，穿着肥大蓝色中山装棉袄，耷拉着中山装帽檐的男人出来接见我。他佝偻着，瞄了我一眼，迟疑了一下，没说一句多余的话，把我安顿下来就走了。我很郁闷，打量着室内室外环境，嘀咕着这人是谁啊，怎么这么阴冷，今后在这里怎么过啊？

　　很快我从学校一些同事陆续得知，他叫曾卓湘，其实 40 岁不到，35 岁左右，是个事业心很强，专业性很强，心肠很好的人。上一年被派来任学校革委会副主任，原来是位于城镇的醴陵四中党支部书记，属于被"结合"的领导干部，主管全校工作。这个学校处在穷山窝，很艰苦，只有几个初中班，十来个老师，除他之外没一个党员，压力还是很大的，大家习惯上还是称他为曾书记。

一开始他就给我下马威。要我教初一年级 25、26、27 共三个班的语文课，每班编制 64 人，我担任初 25 班的班主任并教这三个班的历史课。那个时候军事化，一个班级叫一个排，我还担任这三个班的连长。担子重得吓人。我知道，这是因为学校教师短缺，需要人教课挑担子。我还知道，他是担心我畏惧困难，在这个学校待不久，有意考验我，所以我干得很卖力。

逐渐我俩开始接触起来。知道他是解放前夕从湖南第一师范毕业的，在校时参加过青年组织"要民主、迎解放"的革命活动。他家在乡下，衣着和饮食很朴素，老伴是个农妇，家里孩子多，开销大，每月发工资的时候，他老伴就会打发一个孩子来拿生活费用。其实他为人很随和，不张口则已，一言语，常给人以启迪。

后来调来了党支部书记和校长，主管学校党政工作并轮换过几次，还调来了一些年轻老师，在这些年轻老师中发展了几个党员。他就只负责课程的安排兼政治课教学，实际上是让他靠边站了，但先后调来轮换的书记校长，都深知他威望高，对他的各种意见还是充分尊重的。记得那时候深夜，常常从他的房间里传来样板戏京剧《智取威虎山》杨子荣高亢的唱腔："共产党员时刻听从党安排！"他肯定是有失落感，强烈渴望有更多的工作，听来大家都深为敬仰。

我最敬佩曾卓湘书记善于识别人，因材施教。他发现高一班的杨志红办事踏实，提醒班主任好好任用她，后来杨志红担任了班长。他还发现高一班的杨云华机灵，善沟通，后来他担任了我的语文课代表，毕业后成为海军骨干，被推荐进大学，转业后成为公务员，后来成了实业家。曾书记发现初29班并升到高十班的翁佑龙沉得下去钻研课业，办事沉稳靠得住，写得一手好毛笔字，提醒我和他的班主任要多给他压担子，后来他成了部队文化骨干。1979年高28班的彭曙林来校报到时，曾书记发现彭曙林很活跃，有号召力，有组织能力，提醒班主任要好好引导，后来彭曙林被选为第一届学生会主席，现在是株洲市重要公务员。曾书记的这些发现，对我以后当班主任和教学有很大的引导作用。

我最难忘记的是他对我的关怀和信任，是他的公正无私。他语重心长地对我说，我们这个学校地处革命老根据地，他提醒我，你是长沙来的，对某些事情不要冲动和偏激。要尽量去贴近周围的社员和村民，适应这里的环境。而把党的教育事业做好，把社员和村民们的子女培养好，就是对他们最好的贴近。有一次学校请了一个附近翁姓的老村民为师生食堂种菜，这位老工友很勤勉，不但菜种植得好，还主动为学校洒扫庭院。我写了一大篇文章《新来的工友》张贴在墙报栏内。曾卓湘书记看了称赞："这篇文章写得好！抓住了人物和事物的特点，突出了一个新字。写文章就是要有个好标题，围绕题意去写，这样就能吸引人。"这给我很大鼓舞！1971年春醴陵六中招收首届高中班，他力主我教这两个班的语文，并担任高二班的班主任。我是个很病弱的人，严重胃溃疡，常顶着胃部忍着疼痛上课，老师和同学们都为我焦虑。1972年春夏在教职员工会议上，他建议强制我休病假，并建议校领导先后开出介绍信让我去县人民医院和长沙湘雅医院治疗。当然我持介绍信到长沙湘雅医院就诊后马上就回校上班了，没有答应做手术治疗。1973年春我送走这两个班后，根据上级部署，他力主我先后操办"社来社去"的师范班和农机班，并担任这两班的班主任。1977年下学期他在教职员工会议上，力主推选我出席县和湘潭地区教师先代会。从"文革"起十年没涨过工资了，1977年秋冬学校有了一个涨工资的指标，很多人都巴望着那个指标，包括调来的那一两个主要校级领导，但他公正无私，顶着压力，在教职员工会议上力主破格把那个指标给了我。这在当年与我同档次的人中是绝无仅有的，连与我同校同届毕业当县委副书记的都未评到。这使得学校某个资格老、有能力的人很嫉恨，对他强烈不满并闹着调离了。

从1971年下期起，醴陵六中被决定从梓山搬迁到大障马尾坡，平时作学校，战时作军营。于是他被指派承担这个突击性的任务，忙上忙下，累得昏天黑地，有时还受尽憋屈。有一次他受委托去区委参加一个会议，区委主持人见他来了，说："你来干什么，你又不是学校主管人，要你们学校领导自己来参加！"1973年上学期，醴陵六中从梓山老校区成功迁到大障马尾坡新校区，1994 年新校园初步建成，可他又苍老了不少。那年 6 月 12 日我写了五律一首赞颂他：

> 马尾新园建，
>
> 先行有老翁。
>
> 忠诚为党国，
>
> 平易向农工。
>
> 鬓白青春在，
>
> 眼花干劲冲。
>
> 梓山难忘苦，
>
> 深夜唱英雄。

1979 年下学期"文革"时的革命委员会即将结束历史使命，曾卓湘书记被调往同样位于山乡的醴陵十中任书记和校长，但他很乐意地去了。临行前他竟主动来到我房间，深情地对我说："感谢你这么多年来对我的理解，对我工作的支持。"又说："我这个人性情有些怪异，多有不妥，请多多包涵！那年我从你上山下乡的同伴，也就是学校革委会群众代表副主任周卓霖老师那里得知你将被重新分配，是我写报告向县教委把你要来的。你来报到那天，我见你竟一副病弱的样子，没多说什么，深深忧虑你会在这里长久待得下去吗？没想到，你很纯良，肯挑担子，能听忠告，所以我对你一直有信心！"我也发自内心地拉着他的双手，深情地说："啊，曾书记！你哪有什么要我包涵的啊？九年来，我有八年被评为学校的先进工作者。其实这九年，我的专业思想是很不稳定的，我曾想跳槽去政府部门搞行政工作，也曾梦想脱离教育行业去搞专职写作。不是你一步一步地引导，我怎么会在教育行业坚守下来啊！你是我在教育事业中不折不扣的引路人，我对你感激不尽！"

曾卓湘书记在醴陵六中工作时虽有一个革委会副主任头衔，但他清楚他是个"靠边站"的人物，只够格去完成一些临时性、突击性的任务，各个班级照相时，他一概谢绝参加，他也从不与其他老师或学生单独合影，所以很遗憾的是我没有一张他的影照可以拿出来给大家看。但他可敬的音容却永远深深地刻印在我心底！他调去醴陵十中后我一直没见过他了，听说他在那儿依然勤勤恳恳，干得红红火火，退休后于2009年去世，终年74岁。1981年6月我不负他的期望终于加入中国共产党，并于1982年下期调入醴陵四中，在该校担任了党支部副书记代理书记并担任副校长。啊，又是40多年过去了，敬爱的曾书记，你在天堂还在关注着我这个你倾情引导的园丁吗？

【五律《颂曾卓湘同志》】见北方文艺出版社拙书《荷塘诗词选》第一篇。

莲子瓶上的长串姓名

2021 年 6 月 5 日于星城金汇园

　　在我家客厅摆放着一对一人多高的醴陵瓷质经典器型莲子瓶。20 年了，每隔一段时间，我都要仔细抚摸一下这对花瓶，端详着这上面那一长串姓名，久久感慨深思。

那是2002年9月22日，我临近退休时，头天下午，原醴陵六中高二班语文课代表易云香，陪伴着她的儿子驾驶一辆货车特意给我送来的60岁寿礼。她说那上面写着的一长串姓名是代表高一、二班要来给我庆祝60大寿的同学。当天上午由高一班团支部书记杨平兰、班长杨志红、高二班班长谭甫生带着这些代表，坐着一辆大巴车从三百多里外的醴陵大障风尘仆仆地来到长沙为我祝寿，由正在长沙发展的高一班语文课代表杨云华组织活动并出资办了两餐寿宴。

我在1966年湖南师范学院毕业后，作为知青上山下乡，于1970年春被再分配到醴陵六中工作，该校位于革命老根据地醴陵大障梓山，非常贫穷。1971年春该校招收首届高中班，即高一、高二班，学制两年。我教这两个班的语文，并担任高二班的班主任，也是我教的首届高中班。当时正处于"文革"军事化时期，班级叫排，高一班、高二班分别叫高一排、高二排。这两个班的学生因"文革"大多数在家休过学，年龄稍偏大，很懂事。我当时很病弱，严重胃溃疡，上课时常在讲台用拳头顶着胃部强忍疼痛，他们望着我这个情景，甚为焦虑。当年我业务也不很熟悉，他们很宽容，班干部们还辅助我做了不少班级工作。后来为了加强战备，区委和县委决定将醴陵六中从梓山搬迁到大障的中心区马尾坡，平时作学校，战时作军营。于是我和这两个班经常要参加建新校区的劳动，常常停课自带粮油冒着雨雪冰凌，到山上砍伐树木，扛抬树木做建校材料，顶着烈日酷暑到新校区挖土方修操场，建校舍，一搞就是一两个星期。1973年春新校区快建成了，而他们却在梓山老校区毕业离开了我。令我钦敬的是，他们在革命根据地梓山老校区一边读高中，一边热火朝天地为创建大障新校区作贡献。而他们的高中完全是在梓山老校区度过的，未享受到一点劳动成果。所以我与这两个班的学生，既是师生关系，更是亲密的战友关系。

这两个班的学生是很有才干的，小学和初中的基础很厚实。他们当中多数人后来被推荐做了老师，撑起了当地教育这块天地，桃李满天下，开花结果。还有不少人成了部队的骨干。也有不少人后来被推荐进了大学，成了国家的精英，如杨金云是享受国务院特殊津贴的治疗心血管病专家，他为醴陵六中老校区梓山学校捐赠了不少资金，还为梓山学校兴办了一个图书馆。杨云华先是海军骨干，转业后成为公务员，后来是长期在星城和京城活跃的实业家。他们青出于蓝胜于蓝，长江后浪推前浪！

毕业45年，这两个班的同学对醴陵六中老校区梓山学校的感情丝毫未减退。2017年2月17日，高二班贺凤奇同学在醴陵六中同学群里发了一张该校红桂树的图片，说"凡在醴陵六中老校区梓山学校工作过的老师和学友们：还记得它吗？它还坚守在那庭院里，欲与天公试比高，阅尽人间春色……如今它两人合抱围不住了，树荫如盖，顶冠超过了房子……它就是那棵红桂树！想想它，为它欢呼吧！"我当即写了一首七绝述怀："莘莘学子谁蹉跎，桂树开花赋赞歌。犹记当年苗稚嫩，而今香艳壮山河。"第二天居住在广东省东莞的高一班杨平兰同学在群里回复说："邹老师，凤奇同学，那棵树我还记得很清晰，在那里的点点滴滴好像就在昨天，对那里太有感情了！谢谢老师对我们的夸奖，谢谢凤奇同学给我们发来珍贵图片！"读来非常感人。

　　20年过去了，这两个班的同学都退休了，都快70岁了，快是耄耋之人了。我家客厅那一对莲子瓶上面用红油漆书写的一长串姓名已逐渐脱落。而今我抚摸这一对一人高的莲子瓶时，更深深感到这不是一般的寿礼，而是莘莘学子对教师的嘉奖和慰勉，是师生之间的深深情谊。于是我情不自禁地写下了上面有关情况，记下了这一对莲子瓶上面的一长串姓名，并插入这两个班1971年秋瞻仰韶山时的合影：

　　杨云华，男，高一班，大障新陂

　　谭甫生，男，高二班，大障新陂

　　易云香，女，高二班，大障双丰

　　杨平兰，女，高一班，大障白果州

　　贺凤奇，男，高二班，贺家桥

　　肖宗仁（后来改名为肖朝连），男，高二班，贺家桥

　　刘平珍，女，高二班，贺家桥洪罗

　　杨金云，男，高二班，贺家桥罗家口

　　贺建国，男，高一班，贺家桥

董开怀，女，高一班，马恋

汪玲，女，高二班，马恋

杨平兰，女，高一班，大障白果州

颜国生，男，高二班，贺家桥

张正东，男，高二班，大障盐山

黄纪云，男，高二班，大障石冲

钟国荣，男，高二班，大障石冲

张国元，男，高一班，贺家桥梓山

李佑云，男，高二十五班，大障颜家巷

啊，亲爱的高一班、高二班的同学们，你们都好吗？你们的名字都深深地印在我心底！

诗词篇

【七绝】

出院后告亲友三首

2020 年 11 月 18 日于星城金汇园

　　2020 年 10 月 30 日，我冠心病发作，时时绞痛，住进医院，于 11 月 6 日出院回家。住院期间为了使亲友们不感觉我在住院，以免他们担心，我不断向朋友圈发送往日习字图片。现在我用以下三首七绝报告我的亲友何寅初、蒋事成、许老师、杨荣族、彭美锦、吴光宇、刘铭俊、肖宗仁、耿桂荣、朱淑元、妹妹冬凤、外甥女刘莉等我那段时间住院的情况，感谢他们在那段时间对我那些往日习字图片的关注和点赞。他们的情义让我在治疗期间，深受感动，备受鼓舞！

其一

旧时习字若干张，

卧病圈中发送忙。

祈盼亲朋多指教，

更为自勉莫心慌。

其二

病房发送"鬼符"忙，

都是先前习字章。

原本隐情无搅扰，

未成骗得赞声扬。

其一，其二为首句平起平收式，下平声【七阳】韵。

鬼符：湖湘方言。形容字迹丑陋为"鬼画符图"，即鬼符。

其三

住院七天病困人，

"鬼符"发送却频频。

但凡康复留仙骨，

继续临池酒免唇。

首句仄起平收式，上平声【十一真】韵。

仙骨：民间流传一副对联：不俗即仙骨，多情乃佛心。

酒免唇：指限酒戒酒，心脏病患者应如是。

【七绝】

谢老友叮嘱

2020 年 1 月 15 日于星城金汇园

年已 80，腿脚疼痛拐瘸。老友叮嘱
要"防寒防冻防跌倒"。

感君牵挂逝年光，

万里担忧我跌伤。

出外定当依枴棍，

天寒地冻保安康。

首句平起平收式。下平声【七阳】韵。

【七绝】

题绿化总监李爱群为花木浇水图

2020 年 9 月 3 日于星城金汇园

敬业人才李爱群，

炎天花木水浇勤。

耕耘绿化栽培事，

勤奋园丁好领军。

首句仄起平收式。上平声【十三文】韵。

【七律】

赠长沙市原二十三中老同事戴梅章老师

2020 年 9 月 29 日于星城金汇园

2020 年 9 月 27 日

真诚感谢戴梅章，

八五高龄远探望。

蜡炬二三师长业，

春蚕五六党旗郎。

退休居住京城内，

服务坚守志愿冈。

不忘初心年事老，

胸标闪亮勇担当。

首句平起平收式。下平声【七阳】韵。

远探望：远程来看望。

二三：指长沙市原 23 中。

五六党旗郎：56 岁时光荣加入中国共产党，成为党旗下的儿郎。

师长：此指老师。见《现代汉语词典》第七版 1178 页。

冈：《现代汉语词典》言："较低而平的山脊。"此借喻志愿服务者岗位。

胸标：此既指胸口党员的徽章，又指衣袖上志愿服务者的标志

【七绝】

赠李若凰女士

2020 年 10 月 2 日清晨于湖南农业大学

东尤水汽产能先，

政策相扶跑在前。

李董若凰朝大海，

花开春暖到天边。

首句平起平收式。下平声【一先】韵。

东尤：指湖南东尤水汽能产品总公司，总公司董事长为黄国和先生。该总公司销售公司董事长为李若凰女士。

朝大海：李若凰微信的个性签名为"面朝大海，春暖花开"。

【七绝】

再度住院归来告诸亲友

2020 年 12 月 11 日于星城金汇园

十三年前我被诊断为冠心病，2020 年 10 月 30 日因心脏绞痛住进医院，2020 年 11 月 6 日出院后第二天，大学同窗蒋事成发微信劝导我："不知道你的心脏还有点小毛病，疏于问候，请原谅！既然如此，此后就得注意，一有不适感觉，立刻去看医生，事关发动机，不可不慎！" 2020 年 12 月 1 日我心脏隐痛，又住进了医院，心想这次可能要造影安支架了。欣喜的是 2020 年 12 月 10 日出院时诊断结论为 "无需安支架，建议药物治疗"。特微信发此七绝告蒋君事成及诸亲友。

造影无需支架装，

良心尚好未成殃。

胸中发动机犹颂，

日暮为霞绚丽章。

首句仄起平收式，下平声【七阳】韵。

发动机犹颂：发动机指人体心脏。心脏的跳动还犹如赞颂的歌声。

为霞：见唐代诗人刘禹锡诗《酬乐天咏老见示》："莫道桑榆晚，为霞尚满天。"

【七绝】

植树节礼赞

2021 年 3 月 12 日于星城金汇园

植树栽花四路忙，

全民奋战在山冈。

神州强盛繁荣梦，

不只园丁心意长。

首句仄起平收式，下平声【七阳】韵。

【七绝】

悼曾水保先生

2020 年 11 月 28 日于星城金汇园

党恩一首见忠贤，

未料而今遗世篇。

同悼先生曾水保，

初心不忘续歌弦。

首句平起平收式，下平声【一先】韵。

曾水保：周南中学桃源诗社成员。2020 年 6 月住院做疝气手术时托曾检身先生向诗社投稿五绝《党恩》："党恩深似海，能纳百川容。镰斧干群举，誓言铭记忠（正稿）。"2020 年 11 月 26 日在家安然去世，27 日举行追悼会，28 日火化。

【七律】

依韵孙斌先生《七九初度自勉》

2021 年 1 月 7 日于星城金汇园

约 2021 年 1 月 6 日录自《桃源诗社》投稿

七九初度自勉

孙斌

马齿徒增又一春，梅犹破腊闹年新。

芙蓉国里花如锦，杨柳桥边草若茵。

迹寄湘江为浪客，书攻金匮作医人。

矢心争益黔黎寿，诞日休陪入室宾！

杏林一位老诗人，

荣庆丰收七九春。

救治苍生无数个，

推敲平仄万千轮。

行医崇尚仁心久，

歌赋追求音韵神。

诞日休陪入室客，

亲朋戚友敬孙斌。

首句平起平收式，上平声【十一真】韵。

孙斌：老中医。长沙市周南中学桃源诗社会员。

杏林：中医学界的代称，亦为对医生的称颂。

推敲平仄：代指创作格律诗词。

【七律】

赞阳光先生 2020 年摄影选集

庚子鼠年腊月二十八日于星城金汇园

阳光先生

鼠年影像主题鲜，

雄壮从容抗疫篇。

防控时时吹暖气，

救治处处奏歌弦。

复工复产神无敌，

娱乐消闲情似先。

建党百年同喜庆，

金牛期盼镜头宣。

首句平起平收式，下平声【一先】韵。"敌"古仄声。

暖气：比喻春风，春天的气息，也喻温暖的话语。

【七绝】

步韵崔护《题都城南庄》
题堂侄女丽君企业春景图

2021 年 3 月 1 日于星城金汇园

园丁拾零

牛年今日此门中，

经世名花相映红。

中外游人同赞赏，

华夏遍地尽东风。

首句平起平收式，上平声【一东】韵。

经世：堂侄女企业湖南经世集团简称。

【七律】

记1994年6月八中防汛抗洪

初稿 1994 年 6 月 27 日

洪灾侵犯我长沙，

水漫八中守若家。

保护人民财与物，

关怀生命长和娃。

六天六夜重开课，

五日八辰竟有嘉。

心愧无暇陪老母，

忠诚于党度年华。

首句平起平收式，下平声【六麻】韵。

长和娃：指年长者和娃儿们。

重开课：此指"复课"。"复"为仄声，"开"为平声，不言"终复课"，而说"重开课"，才合此句平仄。

辰：日子。见《现代汉语词典》第七版第159页。"五日"指第五日，"八辰"指第八个日子。

竟有嘉：指在抗洪期间的第五天和第八天有市和省教委主任分别来校慰勉嘉奖。

年华：此指"时光"，见《现代汉语词典》第七版第952页。

【七律】

《清水塘的感召》撰后吟

2021 年 4 月 11 日于星城金汇园

流连瞻仰几倾心，

耄耋吟哦情更深。

旧址伟人播火种，

星城史馆扩胸襟。

湖湘儿女承先志，

井底聋盲见树林。

清水塘边初立誓，

感召奋进至如今。

首句平起平平收式，下平声【十二侵】韵。

《清水塘的感召》：2021 年 2 月 23 日刊发于《长沙晚报》掌上长沙"学党史·跟党走"栏目。为庆祝建党 100 周年而作。

旧址：指长沙清水塘中共湘区委员会旧址。

史馆：指长沙清水塘中共长沙历史馆。

【五绝】

赞黄国和先生《牛年奋斗篇》

2021 年 5 月 4 日于星城金汇园

水汽变能源，

创新科技门。

牛年齐奋斗，

光彩我家园。

首句仄起平收式，下平声【十三元】韵。

黄国和：湖南东尤水汽能产品总公司董事长。其《牛年奋斗篇》，见于该总公司销售公司董事长李若凰女士 2021 年 5 月 4 日发的朋友圈。

【七律】

辛丑立夏歌

——读董必武《八九初度》

2021 年 5 月 5 日于星城金汇园

辛牛立夏艳阳天，

耄耋年华永向前。

志士捐躯人洒泪，

名流沥血国哀贤。

山河壮丽五洲赞，

身首呆痴气息延。

不叹春风吹绿去，

高歌奋进谱新篇。

首句平起平收式，下平声【一先】韵。

辛牛：辛丑牛年的略语。正如"沧海桑田"，可略语为"沧桑"。参见《现代汉语词典》第七版第 127 页。

立夏：辛丑年立夏为公历 2021 年 5 月 5 日。

永向前：革命前辈，原国家副主席和代主席董必武同志 1974 年 3 月 5 日前夕口占《八九初度》尾联言"乐观革命非虚言，历史车轮永向前"，应为我辈座右铭。

哀贤："哀"，哀悼，哀叹，作动词用；"贤"，贤士，贤人，即有才德的人。详见《现代汉语词典》。"哀贤"与上句"洒泪"对仗。

古樟先锋 富强民主 文明和谐 自由平等 公正法治 爱国敬业 诚信友

七旬老党员用"七律诗"传递和谐正能量

"他的诗有文化的人能读懂，没有文化的人也能听得明。"

"他的诗充满正能量，为社区和谐发展起到了促进作用。"

在古樟树社区金汇园小区，一位年过七旬、名叫邹克斯的退休老干部，老共产党员，闲暇之余将自己创作的诗句发布在自己的朋友圈中，这些诗句深受居民朋友的喜爱，同时也为社区的和谐发展贡献了一份力量。俗话说，活到老学到老。这句话在七旬老人邹克斯的身上体现得淋漓尽致。"虽然以前经常看些名人诗作词，但细细学来，才发现并不简单。诗词讲格律，注重语言艺术，而我通过不断学习才慢慢摸到这些窍门。"邹克斯说，他退休后"不甘寂寞"，通过孜孜不倦的学习，写出大量朗朗上口的诗词作品，都是集中体现对当下生活的感悟的热爱。他创作的"七律诗"累计已近百首，为社区精神文明建设发挥了积极作用。

【七律】

寄语堂侄女丽君

2021 年 7 月 7 日于星城金汇园

耕耘十载龙城美，

经世辛勤梦也真。

智慧难为新宠事，

才能虽有党恩神。

京都创业家乡办，

政策开通法令遵。

微企胸怀华夏志，

红妆报国看贤人。

首句平起仄收式，上平声【十一真】韵。

经世：堂侄女企业湖南经世集团简称。

龙城：经世集团建造的小区，该集团的驻地。

新宠：新近受人喜爱的事务。参见《现代汉语词典》。
此指创办新企业。

贤人：指不但有才能而且品德好的人。

【词】

江神子·建党百年缅怀向警予

2021 年 5 月 16 日于星城金汇园

舍生忘死女英豪，
远娇娆，情怀高。
就读周南，
热血令人骄。
建党人中唯一票，
凭女士，
众弯腰！

百年大庆树新标，
党旗飘，战歌嘹。
不忘初心，
使命记牢牢。
妇女先驱舒广袖，
名警予，泪淘淘！

词韵第八部：平声。

　　向警予：女，1895 年 9 月 4 日生于湖南溆浦，年少时在长沙周南中学就读。她是中国共产党唯一的女创始人，无产阶级革命家、妇女解放运动领导人之一。1928 年 3 月 20 日，由于叛徒的出卖，在武汉法租界三德里被捕，同年 5 月 1 日被押赴余记里空坪刑场英勇就义，终年 33 岁。

【词】

江神子·迎党庆百年

2021 年 5 月 17 日于金汇园

百年奋斗启新程，
画图精，业恢宏。
华夏江山，
创意露峥嵘。
引领全民齐奋斗，
排险阻，
党英明！

看谁学党史真诚，

最丰盈，有推行。

使命初心，

更一脉相承。

评判党员金准则，

拼贡献，

比坚贞！

词韵十一部：平声。

刊于 2019 年 9 月 18 日《长沙晚报》，左起第三个为本人

【七律】

赞金汇园庆祝建党百年儿童摄影展

2021 年 6 月 7 日于星城金汇园

张张笑脸满阳光，

建党高招百岁妆。

金汇园中添美景，

同升街道赞贤良。

长江后浪推前浪，

革命精神传四方。

世代继承红色谱，

中华昌盛写新章。

首句平起平收式，下平声【七阳】韵。

金汇园：本小区名称。

同升街道：小区社区所在街道。

贤良：指影展筹备方业主委员会和图片摄影人阳光先生。

【七绝】

园丁吟

2021 年 6 月 22 日于星城金汇园

耕耘栽种树成材，
锦绣山冈春色台。
花木妖娆昌社稷，
园丁挥汗笑颜开。

首句平起平收式，上平声【十灰】韵。

挥汗：用手擦汗挥手甩掉。指干工作特别卖力汗滴特别多。

【七绝】

四季花开

2020 年 12 月 14 日于星城金汇园

初冬银杏叶金黄，

园圃菊花犹艳妆。

春夏秋冬轮换转，

神州四季美风光。

　　首句平起平收式，下平声【七阳】韵，第二句孤平拗。

家族聚会　（2021年1月22日于星城金汇园）

【古风】

老伴歌

2021 年 6 月 27 日于星城金汇园

相识上山下乡时，

教书育人连理枝。

辗转东南西北地，

五十二年忠于兹。

鬓发苍白腿脚瘸，

两耳失聪眼病兮。

人人都是一本书，
虚心努力才不输。
学校处在老山沟，
一次飞雪漫山头。
次子还只一岁半，
不幸跌断脚骨头。

老公送去长沙家，
医治全靠孺子牛。
忠于职守是本分，
教学工作不能丢。
硬是没有去看望，
现在回想都泪流。

难忘一九八七年，
一场风险史无前。
积劳成疾患肿瘤，
假条在身未病休。

无奈做了大手术，
终于得以命保留。
术后不久重上岗，
劲头超过我老邹。
职称申报高级时，
有人无情笑嘻嘻。

高中底子教高中，
高级怎可轮到伊？
拿出实绩亮论文，
没人再敢有鄙夷。

老家原是在南京，
战火漂泊到醴陵。
嫡亲叔叔叫树淇，
一生经历很传奇。
抗战时期远征军，
地下为党传电文。

优秀党员发余热，
媒体报道很热烈。
初心不忘到终年，
遗物捐赠逝世前。
深厚感情写祭文，
《永久楷模》泪纷纷。

金婚纪念我赋诗，
一首七绝见我痴：
"金陵折得一枝梅，
纪念金婚请举杯。
五十年间共艰苦，
坚贞专一俩相陪！"
同窗好友为克斯：
举杯共庆有和诗。

退休之后并未休，
关怀学子心意稠。

经常聚会常寄语，
一有所成大赞许。
有个女生郭毅辉，
从业网络功巍巍。
写下赞美诗一首，
勉励征途再显威。

"奕奕神采迎朝晖，
专一坚毅志争辉。
不忘初心永向前，
为我九州添神威。"

衷心赞赏歌唱你，
热诚向你敬个礼：
同为辛勤园丁人，
而今俱为垂暮身。
春蚕丝尽心无悔，
蜡炬成灰意永存！

本诗系严格按古风规则押韵，请参见王力先生《诗词格律》第二章第六节第（一），（二），（三）条。

相识上山下乡时：作者老伴梅家庆老家南京（金陵），原系醴陵一中高中毕业后留校老师，教初中语文兼任班主任，作者是1968年3月从长沙市分配到该校的大专院校毕业生。1969年元月上山下乡高潮时，醴陵一中被撤销，作者与老伴同时被分配到该县不同地方，就在那时相识并结婚。

连理枝：指两棵树的枝干合生在一起。北京故宫御花园里钦安殿、浮碧亭的旁边都有这样合生的树，比喻夫妻恩爱。连理枝在自然界中是罕见的。旧称夫妻树，生死树。

辗转东南西北地：上世纪 70 年代初，作者夫妇俩被重新分配在醴陵六中工作多年，先后被转调入东西南北其他学校工作；1987 年调回长沙市在二十九中工作，同样被东西南北转换在其他学校工作过，而长沙市正好在醴陵市北方。

附录老伴梅家庆的有关作品：

（1）散文《我永远的楷模》

我永远的楷模

梅家庆

在纪念建党 100 周年的时候，我更怀念亲人四叔梅树淇，他是我永远的楷模！

四叔梅树淇出生在南京市一个工人家庭。20 岁的时候，胸怀保家卫国的大志，辗转到昆明加入了中国远征军，在戴安澜率领的 38 师 112 团任迫击炮连指导员，参加了多次抗日战役，在炮火中负伤，住院治疗 8 个月后重返前线。1945 年太平洋战争结束，他到广州参加了接受日本投降仪式，并暗地接受了地下党的领导。1948 年秋，在南京电信局任电力技术员的四叔，受党组织的派遣架设芜湖地下电台，到 1949 年 4 月迎来了芜湖和南京的解放。新中国成立后，他回到南京在省邮电局工作，由于工作出色，于 1952 年出席了江苏省劳模大会，并被正式吸收为中共党员。

1960 年四叔梅树淇响应支援苏北的号召，又一次离开故土南京到徐州邮电局工作，直至离休，在徐州生活了半个多世纪。

四叔除了随时听从党的召唤，以祖国和人民利益为重的高尚精神外，还有许多高贵品质激励着我们。1995 年四叔撰写了《我参加反攻缅北纪实》一文，被中共中央党史编辑部评为一等奖，收列在《烽火忆抗战》一书中。2013 年他将珍藏了一辈子的两本缅甸和印度战地日记及十余件其他历史文物捐献给了侵华日军大屠杀南京遇难同胞纪念馆。但四叔从不居功自傲，他和蔼可亲，受人尊敬。在单位是人人尊敬的好领导，在社区是邻居们的楷模，在家里是亲人们的榜样。

在和四叔相处的日子里，我亲眼看见他的三个孩子穿的衣裤都是大人服装改的，并且是补丁摞补丁的。他自己的衣物常穿了十几年不肯更换，孩子们想给他买新的他也不答应。他每天早餐的主菜就是一点榨菜和豆腐乳，基本上以素食为主，头天剩下的饭菜，第二天接着吃。对自己对家人他特别节俭，但对他人，对社会他却特别慷慨，特别关爱。

离休后他虽然年老体衰，但经常在社区中小学进行爱国主义、革命传统宣讲，鼓励孩子们珍惜幸福生活，好好学习，报效祖国。在居住的社区奎园小学，他设立了"梅树淇奖学金"，每年捐献 5000 元。20 世纪 60 年代，有一次他在大街上看见一位大娘带着孙子设摊乞讨，形状很可怜，毫不犹豫地拿出十斤粮票和五块钱交给了那位大娘。汶川大地震和国家其他自然灾害时，四叔都慷慨地做了捐献。

感受最深的是四叔对我们一家兄弟姐妹四人的关爱。我们四人父母去世早，母亲去世更早，可有四叔在，就像父母仍在。四叔不仅资助大哥完成了大学学业，还时刻牵挂着在湖湘先是幼年上山下乡，后又下岗多病难婚的小弟，给予了无私救助。他常常教导我们兄弟姐妹四人：要搞好家庭关系，要带好第三代；长辈要关爱幼小的，后辈要孝敬年老的，这是梅家的优秀传统。他是这么说的，更是这么做的。

我迁移到长沙工作生活后，和家人共六次前往徐州看望尊敬慈祥的四叔梅树淇，难忘他每次对我们的谆谆教诲。老人虽然于 2015 年 6 月 15 日去世了，但现在我家三代共八人生活在长沙，已有五人是共产党员，我要继续教育我的后代，努力向忠诚的老党员四叔学习，做永不变色的接班人！（2021 年 4 月 14 日发在朋友圈）

（2）诗《赞奕晖》

赞奕晖

2020 年 12 月 18 日于星城金汇园

梅家庆与来访的学生郭毅辉，相会在家中
（2020 年 12 月 17 日）

奕奕神采迎朝晖，

专一坚毅志争辉。

不忘初心永前进，

为我九州添神威。

上平声【五微】韵。

　　奕晖：为原长沙市二十九中初63班女生郭毅辉的网名。曾受湖南卫视指派与团队拍摄纪录片《中国》，事业有成。赞语将其网名"奕晖"和本名"毅辉"分别嵌入第一句、第二句。

【四言古体】

勉励二子为党争光

2021 年 6 月 30 日于星城金汇园

共产党员，

奋勇向前。

敢于担当，

为党争光。

员前:【一先】韵。当光:【七阳】韵。

【七律】

星城金汇园吟

2021 年 7 月 12 日于星城金汇园

绿树丛中建住房，
疏疏朗朗立山旁。
晨闻鸟鸣迎红日，
夕见霞出照水塘。

健身器材随处有，

舒心曲径竹林蹚。

精神物质文明景，

益寿延年好地方。

首句仄起平收式，下平声【七阳】韵。

好地方 （2019 年 8 月 20 日）